体育运动

刀术 JIANSHU
剑术
DAOSHU

主编 方志军 田云平

走进**大自然**
走到阳光下
养成**体育锻炼**好习惯

吉林出版集团股份有限公司 全国百佳图书出版单位

图书在版编目(CIP)数据

刀术 剑术 / 方志军等主编.—长春：吉林出版集团股份有限公司，2011.5（2024.1 重印）
ISBN 978-7-5463-5253-4

Ⅰ.①刀… Ⅱ.①方… Ⅲ.①刀术(武术)—中国—青年读物②刀术(武术)—中国—少年读物③剑术(武术)—中国—青年读物④剑术(武术)—中国—少年读物 Ⅳ.①G852.22-49②G852.24-49

中国版本图书馆 CIP 数据核字(2011)第 081714 号

刀术 剑术

主编	方志军　田云平
责任编辑	息望　林琳
出版发行	吉林出版集团股份有限公司
印刷	三河市同力彩印有限公司
版次	2011 年 7 月第 1 版　2024 年 1 月第 8 次印刷
开本	787mm×1092mm 1/16　印张 10　字数 100 千
地址	吉林省长春市福祉大路 5788 号　邮编 130000
电话	0431-81629968
电子邮箱	11915286@qq.com
书号	ISBN 978-7-5463-5253-4
定价	45.80 元

版权所有　翻印必究
如有印装质量问题，请寄本社退换

《体育运动》编委会

主　　任　宛祝平
编　　委　支二林　方志军　王宇峰　王晓磊　冯晓杰
　　　　　田云平　兴树森　刘云发　刘延军　孙建华
　　　　　曲跃年　吴海宽　张　强　张少伟　张铁民
　　　　　李　刚　李伟亮　李志坚　杨雨龙　杨柏林
　　　　　苏晓明　邹　宁　陈　刚　岳　言　郑凤家
　　　　　宫本庄　赵权忠　赵利明　赵锦锦　潘永兴

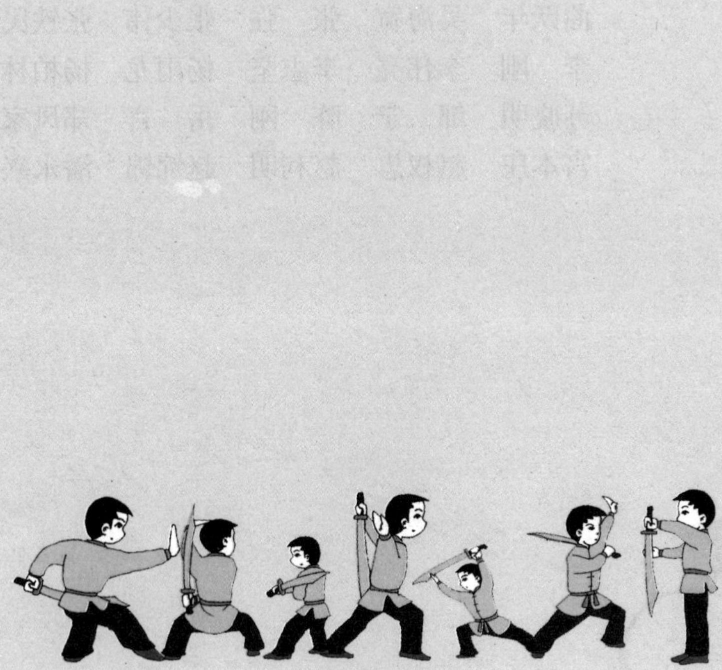

目录 CONTENTS

刀术

第一章 运动保护
第一节 生理卫生..........................2
第二节 运动前准备......................3
第三节 运动后放松......................8
第四节 恢复养护........................10

第二章 刀术概述
第一节 起源与发展....................12
第二节 特点与价值....................13

第三章 刀术场地、器材和装备
第一节 场地............................18
第二节 器材............................20
第三节 装备............................23

第四章 刀术基本技术
第一节 基本握法......................26
第二节 基本步形与步法............27
第三节 基本身形与身法............33
第四节 基本刀法......................34

目录 CONTENTS

第五章 初级刀术
第一节 预备姿势与起势 46
第二节 第一段 48
第三节 第二段 55
第四节 第三段 61
第五节 第四段 67
第六节 收势 74

第六章 刀术比赛规则
第一节 程序 76
第二节 裁判 77

剑术

第七章 剑术概述
第一节 起源与发展 82
第二节 特点与价值 83

第八章 剑术场地、器材和装备
第一节 场地 88
第二节 器材 89
第三节 装备 91

目录

第九章 剑术基本技术
- 第一节 基本握法..........................94
- 第二节 基本步形与步法..................97
- 第三节 基本身形与身法..................103
- 第四节 基本剑法..........................105

第十章 初级剑术
- 第一节 预备动作及起势..................114
- 第二节 第一段............................118
- 第三节 第二段............................125
- 第四节 第三段............................132
- 第五节 第四段............................139
- 第六节 收势...............................146

第十一章 剑术比赛规则
- 第一节 程序...............................148
- 第二节 裁判...............................149

刀术

第一章 运动保护

"生命在于运动",但是盲目、不科学的运动非但不能起到强身健体的作用,反而会给身体带来一定的伤害。只有掌握体育锻炼的一般性生理卫生知识,科学地进行体育锻炼,才能起到健身强体的作用。

第一节 生理卫生

青少年在进行体育运动时，除了应进行一般性的身体检查和必要的咨询外，还要注意培养运动兴趣和把握适当的运动强度。

一、培养运动兴趣

在进行运动前，必须培养自己对体育运动的兴趣。培养兴趣的方法有很多，如观看体育比赛，与同学、朋友进行体育比赛等。有了浓厚的兴趣，就能自觉地投入体育运动之中，从而达到理想的锻炼效果。

二、把握运动强度

因为青少年进行体育运动，主要是在享受运动的过程中增强体质，提高健康水平，而不仅是为了创造运动成绩，所以运动强度不宜过大。控制运动强度最简单的办法是测定运动时的脉搏。对青少年来说，运动时的脉搏控制在每分钟140次左右较为合适。

第二节 运动前准备

运动前进行充分的准备活动，对于青少年来说是非常重要的。一些体育运动爱好者，常常不重视运动前的准备活动，从而导致各种运动损伤，影响运动效果，也容易失去对体育运动的兴趣，甚至产生对体育运动的畏惧心理。因此，青少年在进行体育运动前，必须做好充分的准备活动。

一、准备活动的作用

运动前做好充分的准备活动能够对肌肉、内脏器官有很大的保护作用，同时还可以提前调节运动时的心理状态。

（一）提高肌肉温度，预防运动损伤

运动前进行一定强度的准备活动，不仅可以使肌肉的代谢过程加强，温度增高，黏滞性下降，提高肌肉的收缩和舒张速度，增强肌力，同时还可以增加肌肉、韧带的弹性和伸展性，减少由于肌肉剧烈收缩而造成的运动损伤。

（二）提高内脏器官的功能水平

内脏器官的功能特点之一就是生理惰性较大，即当活动开始、肌肉发挥最大功能水平时，内脏器官并不能立刻进入

最佳活动状态。

（三）调节心理状态

青少年进行体育锻炼不仅是身体活动，而且也是心理活动。研究证明，心理活动在体育锻炼中起着非常重要的作用。体育锻炼前的准备活动，可以起到心理调节的作用，即接通各运动中枢间的神经联系，使大脑皮层处于最佳兴奋状态。

二、如何进行准备活动

一般来说，准备活动主要应考虑内容、时间和运动量等问题。

（一）内容

准备活动可分为一般准备活动和专项准备活动。一般准备活动主要是一些全身性的身体练习，如跑步、踢腿、弯腰等。一般准备活动的作用在于提高整体的代谢水平和大脑皮层的兴奋状态，减少运动损伤的发生。专门性准备活动是指与所从事的体育锻炼内容相适应的动作练习。

下面介绍一套一般准备活动操，供青少年运动前使用。这套活动操主要包括头部运动、肩部运动、扩胸运动、体侧运动、体转运动、髋部运动和踢腿运动等。

1. 头部运动

头部运动的动作方法(见图1-2-1)是：

两手叉腰，两脚左右开立，做头部向前、向后、向左、向右以及绕环运动。

2. 肩部运动

肩部运动的动作方法(见图1-2-2)是：

手扶肩部，屈臂向前、向后绕环以及直臂绕环。

3. 扩胸运动

扩胸运动的动作方法(见图1-2-3)是：

屈臂向后振动及直臂向后振动。

4. 体侧运动

体侧运动的动作方法(见图1-2-4)是：

两脚左右开立，一手叉腰，另一臂上举并随上体侧屈而摆动。

5. 体转运动

体转运动的动作方法(见图1-2-5)是：

两脚左右开立，两臂前屈，身体向左、向右有节奏地扭转。

6. 髋部运动

髋部运动的动作方法(见图1-2-6)是：

两脚左右开立，两手叉腰，髋关节放松，向左、向右各做360°旋转。

7. 踢腿运动

踢腿运动的动作方法(见图1-2-7)是：

两臂上举后振，同时一腿向后半步，然后两臂下摆后振，同时向前上方踢腿。

图 1−2−1

图 1−2−2

图 1−2−3

图 1-2-4

图 1-2-5

图 1-2-6

图 1-2-7

(二)时间和运动量

准备活动的时间和运动量随体育锻炼的内容和量而定,由于以健身为目的的体育运动量较小,因此准备活动的量也相对较小,时间也不宜过长,否则,还未进行体育锻炼身体就疲劳了。半小时的体育锻炼,准备活动时间一般以 10 分钟左右为宜。

第三节 运动后放松

进行剧烈的体育运动后,有些青少年习惯坐在地上,或是直接躺下来休息,认为这样可以快速消除疲劳。其实不然,这样做的结果不仅不能尽快地恢复身体功能,反而会对身体产生不良影响,正确的做法应该是运动后做一些整理活动,放松身体。

一、运动后整理活动的必要性

运动后的整理活动不但可以避免头晕等症状，还可以有效地消除疲劳。

（一）避免头晕

人体在停止运动后，如果停下来不动，或是坐下来休息，静脉血管失去了骨骼肌的节律性收缩，血液会由于受重力作用滞留在下肢静脉血管中，导致回心血量减少，心血输出量下降，造成暂时性脑缺血，出现头晕、眼前发黑等一系列症状，严重者甚至会出现休克。为了避免这些症状的发生，整理活动是非常必要的。

（二）消除疲劳

除了避免头晕等症状的发生，运动后的整理活动还可以改善血液循环状态，达到快速消除疲劳的目的。

二、放松方法

在运动后放松时，应注意以下几个问题：
（1）做一些放松跑、放松走等形式的下肢运动，促进下肢静脉血的回流，防止体育锻炼后心血输出量的过度下降；
（2）在下肢活动后进行上肢整理活动，右臂活动后做左臂的整

理活动，通过这种积极性休息，使身体机能得到尽快恢复；

（3）整理活动的量不要过大，否则整理活动又会引起新的疲劳；

（4）在进行整理活动时，应当保持心情舒畅、精神愉快的感觉。

第四节 恢复养护

人体在运动后，除采用休息和积极性体育手段加速身体功能的恢复外，还可以根据体育运动的特点，补充不同的营养物质，以尽快消除疲劳。

运动结束后，人体内会产生一种叫作乳酸的酸性物质，它的积累会造成机体的疲劳，使恢复时间延长。所以，我们在运动后，应多补充一些碱性食物，如蔬菜、水果等，而动物性蛋白等肉类食品偏"酸"，在运动后的当天可适当减少摄入。

第二章 刀术概述

刀是一种平直、细长、一面有刃、带尖的武术器械,它是由古代的生产工具和古兵器演化而成的。随着刀的出现,刀术也应运而生,并发展起来。

第一节 起源与发展

刀术在我国有着悠久的历史,它同剑术几乎是在同一时期产生的。早在石器时代就已经有了刀的发明创造。

一、起源

刀是中国武术重要的器械之一,也是中国最古老的一种兵器,远在旧石器时期的后期就有了石刀、骨刀等。考古中发现刀的实物,最早为商代物品。战国以后,刀已成为步兵、骑兵的主要作战武器之一。

汉代有了刀柄首端呈扁圆的环柄刀,并出现了铁制刀。三国时期的刀不但制造精良,而且种类繁多。唐代的刀有仪刀和陌刀等。宋代出现了各种长刀,其中有屈刀、掉刀、笔刀、眉尖刀、凤嘴刀和太祖卧龙刀等。明代有长刀、钩镰刀、腰刀和手刀等。清代有大刀、扑刀、长刃刀、背刀、双手带刀、佩刀、梅花刀、行意刀和太极刀等。当代常用的长刀有大刀和扑刀等,短刀有单刀、双刀、九环刀、刺刀和马刀等。

刀在十八般兵器中排在第一位,故刀被誉为十八般兵器之首。刀、剑、枪和棍被誉为当今武术的四大名器。

古代的刀术是随着刀的演化而发展的。刀术萌生于远古时代,夏、商、周得到初步发展,春秋战国时期多种社会功能形成后,经过秦、汉、三国、两晋、南北朝、隋、唐、五代的不断丰富,到了宋代刀术已初步形成体系,直至明、清时期不同风格的刀术得到了大发展，流派林立，呈现出了繁荣局面。

近代，刀术逐渐成为中国体育的有机组成部分。

二、发展

中华人民共和国成立后，武术成为社会主义文化和人民体育事业的一个组成部分，得到了蓬勃发展。1950年，中华全国体育总会召开了武术座谈会，倡导发展武术运动。

武术的研究整理工作也有所进展，从20世纪50年代中期开始，国家体委有关部门组织部分武术工作者研究、整理、出版了《简化太极掌》《长拳》《刀》《枪》《剑》《棍术》等书籍，1961年还编写了体育系《武术》通用教材。

在武术的蓬勃发展过程中，刀术也得到了相应的发展。刀术运动在我国有着悠久的历史和广泛的群众基础，是我国优秀的民族文化遗产之一。它不仅自古以来为我国人民所喜闻乐见，而且在现代体育兴盛的当代，也越来越受到世界各国人民群众的欢迎。

第二节 特点与价值

在漫长的历史发展过程中，刀术名目繁多，技术丰富多彩，而且有很高的健身功能和体育医疗价值，同时还能起到陶冶情操的作用。

一、特点

刀术具有快速、勇猛的特点。刀的演练，无论劈、砍、撩、挂，缠头裹脑，蹿蹦跳跃，抑扬顿挫，伸缩吞吐等均要手疾眼快、变化多端、节奏分明、眼随手走、身械合一。

（一）招式独特

当代刀术的招式具有优美潇洒、蓄发相间、气势流畅、虚实分明、刚柔相济、动静相兼和灵活多变等特点。

（二）适应性强

刀术是一种适应性很强的体育锻炼项目，它既适合于男性，也适合于女性，既适合于一般成年人，也适合于青少年和中老年，既可以集体练习，也可以单独练习。

（三）易于开展

刀术练习在场地或器材等方面并没有特殊的要求，易于开展。

二、价值

刀术作为中国武术特有表现形式的套路运动，虽然种类繁多，但是它们对人体的价值却是一样的。

(一)壮内强外的健身作用

中国人千百年的习武实践和多年的科学研究，都说明武术由于注重内外兼修，对身体有着多方面的良好影响，经常练习刀术，能收到壮内强外的效果。

(二)培养道德情操的教育作用

刀术在长期的发展过程中，继承和发扬了中华民族重礼仪、讲道德的优良传统。"习武先习德"这句话说明武术练习是历来重视武德教育的。

尚武崇德的精神可以培养青少年尊师重道、讲礼守信、宽以待人和严于律己的高尚道德情操以及良好的心理素质。

(三)娱乐观赏，丰富文化生活

刀术运动具有很高的观赏价值，它内外合一且形神兼备的和谐美引人入胜，能够给人一种美的享受和精神上的激励。

(四)武术交流,增进友谊

群众性的刀术运动,是人们相互了解、切磋功夫、交流思想、增进友谊的良好手段。

随着武术在全世界广泛传播,武术还可以促进与国外武术爱好者的功夫交流。许多国家武术爱好者通过功夫交流,既增进了相互之间的友谊,又认识了中国武术,了解了中华文明。

通过体育竞技,武术必将走向世界,刀术也必将在武术走向世界的大赛中,发挥不可估量的作用。

第三章 刀术场地、器材和装备

刀术是武术套路的一种,具有深厚的中国武术文化内涵,在正规比赛时,对场地、器材和装备都有一定的要求。

第一节 场地

正规比赛或表演一般都在比较柔软的地毯上进行，具体分为单练、对练和集体项目场地。

一、规格

（一）单练和对练项目场地

（1）场地呈长方形，长14米，宽8米；

（2）场地四周内沿应画有5厘米宽的边线，其周围至少应有2米宽的安全区；

（3）在场地的两长边中间各有一条长30厘米、宽5厘米的中线标记。

(二)集体项目场地

（1）场地呈长方形，长16米，宽14米；

（2）场地四周内沿应画有5厘米宽的边线，其周围至少应有1米宽的安全区。

二、设施

(一)地面

刀术表演的场地大多是在地面上铺设红色地毯，一方面是为了保护运动员做动作时不会受伤，另一方面是继承了中国武术表演的传统，使人感受到刀术的中华文化底蕴。

(二)器材架

器材架是放兵器的地方，可以使表演者更加方便地进行表演或练习。

三、要求

（1）从地面量起，赛场上空至少应有8米的无障碍空间，如设两个以上比赛场地，两场地之间距离应在6米以上；

（2）器材架要放在合适的地方，不能给运动员练习或表演带来不便。

第二节 器材

刀术比赛的器材主要是刀，种类繁多，一般分为单刀、长刀、短刀和双刀四大类。

一、单刀

(一)规格(见图 3-2-1)

(1)刀的长度一般以直臂下垂抱刀时，刀尖不低于该人耳上端为准；

(2)现代竞技武术套路比赛按年龄和性别要求，应使用不同型号、尺寸和重量的刀。

图 3-2-1

(二)构造

1. 刀身

(1)刀身由刀刃、刀背、刀面和刀尖组成；

(2)刀刃为刀身的锋利部分，刀背为刀身的脊背，刀面为刀身的两侧平面。

2. 刀柄

(1)刀柄由刀首、护手组成，并配置刀彩和刀鞘；

(2)刀首为刀柄后端突出部分，护手为刀柄与刀身间保护手的突出部分；

(3)刀彩为刀首后端所系的丝绸装饰物，刀鞘为盛刀的器物。

二、长刀

长刀包括屈刀、偃月刀、掉刀、笔刀、钩镰刀、风嘴刀、眉尖刀、片刀、三尖两刃刀、二郎刀和象鼻大刀等(见图3-2-2)。

图3-2-2

三、短刀

短刀包括环柄刀、铁刀、手刀、腰刀、大环刀、苗刀和斩马刀等（见图 3-2-3）。

图 3-2-3

四、双刀

双刀与单刀区别在于护手，单刀护手为一个整椭圆形，双刀护手两刀合在一起才为一个椭圆，单个则为半个椭圆（见图 3-2-4）。

图 3-2-4

第三节 装备

装备指运动员在进行刀术套路表演时身上的衣着及鞋等，武术的衣着不同于其他体育项目的服装，讲究的是一种武术内涵。

一、服装

（一）款式（见图 3-3-1）

（1）女子为中式半开门小褂（长袖或短袖自定），5 对中式直袢；男子为中式对襟小褂（长袖或短袖自定），7 对中式直袢；

（2）灯笼袖。袖口处加两对中式直袢；

（3）扎软腰巾，西式裤腰，中式裤脚，横直裆要适宜。

图 3-3-1

(二)材质

(1)服装的原料可自由选择，舒适即可；
(2)如果刀法沉着，步法稳健，选用平绒面料，效果比较好；
(3)如果刀法潇洒，犹如飞凤，应选择双绉或绸缎的面料为好。

二、鞋

比赛和表演中常见的是以羊皮或帆布制面、软胶制底的武术表演专用鞋，这种鞋既舒服又美观(见图3-3-2)。

图3-3-2

第四章 刀术基本技术

在漫长的历史发展过程中,刀术名目繁多,技术丰富多彩,但无论哪种刀术都是由最基本的技术动作组成的。考虑青少年的特点,本章主要介绍一些关于刀术最基本的技术动作,包括基本握法、基本步形与步法、基本身形与身法和基本刀法等。

第一节 基本握法

在练习刀术时首先应掌握刀的握法,这是练习刀术的基本功,包括预备抱刀和右手握刀等。

一、预备抱刀

预备抱刀的动作方法(见图 4-1-1)是:
(1)直立,两脚并拢,左手在左胯侧抱刀;
(2)刀直立,刀刃向前,刀尖向上,刀背贴靠前臂内侧,拇指在前,其他四指在后,握住刀盘;
(3)右手自然下垂于体右侧,目视前方。

图 4-1-1

二、右手握刀

右手握刀的动作方法(见图 4-1-2)是:
(1)直立,两脚并拢;
(2)右手在右胯侧握刀,虎口贴靠护手盘,大拇指与其他四指分握于刀柄两侧,刀刃向下,刀尖向前;

(3)左手自然下垂于身体左侧，目视前方。

图 4-1-2

第二节 基本步形与步法

步形和步法是刀术中非常重要的环节，对于初学者来说，一定要学好步形和步法。

一、步形

步形包括弓步、虚步、马步、仆步、丁步、独立步、歇步和并步等。

(一)弓步

弓步的动作方法(见图 4-2-1)是：
(1)两脚全脚着地，前脚脚尖朝前，屈膝前弓；
(2)膝部不得超过脚尖，后腿自然伸直，脚尖斜向前方，两脚横向略宽于肩，以自然舒适为度。

图 4-2-1

(二)虚步

虚步的动作方法(见图 4-2-2)是:
(1)一腿屈膝下蹲,全脚着地,脚尖斜向前 45°;
(2)另一腿略屈,以脚前掌或脚跟点于身前。

图 4-2-2

(三)马步

马步的动作方法(见图 4-2-3)是:
两脚左右分开站立,约为脚长的 3 倍,脚尖正对前方,屈膝半蹲。

图 4-2-3

(四)仆步

仆步的动作方法(见图 4-2-4)是：
(1)一腿屈膝全蹲，膝与脚尖略外展；
(2)另一腿自然伸直，平铺接近地面，脚尖内扣，两脚全脚掌着地。

图 4-2-4

(五)丁步

丁步的动作方法(见图 4-2-5)是：
(1)一腿屈膝半蹲，全脚着地；
(2)另一腿屈膝，以脚前掌或脚尖点于支撑腿内侧。

图 4-2-5

(六)独立步

独立步的动作方法(见图 4-2-6)是:

(1)一腿自然伸直,支撑站稳;

(2)另一腿在体前或体侧屈膝提起,高于腰部,小腿自然下垂。

图 4-2-6

(七)歇步

歇步的动作方法(见图 4-2-7)是:

(1)两腿交叉屈膝半蹲,前脚尖外展,全脚着地;

(2)后脚尖点地,膝部附于前腿外侧,脚跟离地,臀部接近脚跟。

图 4-2-7

(八)并步

并步的动作方法(见图 4-2-8)是:
两脚合拢,脚尖朝前,两腿直立,上体正直,目视前方。

图 4-2-8

二、步法

步法包括上步、退步、盖步、插步、撤步、跳步、摆步、扣步和碾步等。

(一)上步

上步的动作方法是:
后脚向前一步,或前脚向前半步。

(二)退步

退步的动作方法是:
前脚后退一步。

(三)盖步

盖步的动作方法是:
一脚经支撑脚前横落。

(四)插步

插步的动作方法是：
一脚经支撑脚后横落。

(五)撤步

撤步的动作方法是：
前脚或后脚退半步。

(六)跳步

跳步的动作方法是：
前脚蹬地跳起，后脚前摆落地。

(七)摆步

摆步的动作方法是：
上步落地时脚尖外摆，与后脚呈"八"字。

(八)扣步

扣步的动作方法是：
上步落地时脚尖内扣，与后脚呈"八"字。

(九)碾步

碾步的动作方法是：
以脚跟为轴，脚尖外展或内扣，或以脚前掌为轴，脚跟外展。

第三节 基本身形与身法

身形、身法应与步形、步法协调配合，才能使动作更加有"神"。

一、身形

身形是练习刀术的基本功，包括头颈、肩肘、胸背、腰脊和臀、胯、膝等的练习。

(一)头颈

头颈的动作方法是：
头正颈直，下颌略收。

(二)肩肘

肩肘的动作方法是：
沉肩坠肘，不可耸肩，肘不可外翻扬起。

(三)胸背

胸背的动作方法是：
胸部舒松，略含，但不生硬内收，背部舒展，放松，不可弓背。

(四)腰脊

腰脊的动作方法是：
脊要正直，腰要松活自然，运转灵活，不要前挺后弓。

(五)臀、胯、膝

臀、胯、膝的动作方法是：
松胯敛臀，膝部伸屈，柔和自然。

二、身法

身法常见于刀术演练中，要领是端正自然，不偏不倚，舒展大方，旋转松活，不可僵滞浮软、忽起忽落，动作以腰为轴带动四肢，上下相随，连贯完整。

第四节 基本刀法

基本刀法常见于刀术的套路演练中，包括劈刀、扎刀、砍刀、斩刀、点刀、崩刀、推刀、撩刀、截刀、挂刀、抹刀、扫刀、云刀、藏刀、格刀、架刀、缠头刀和裹脑刀等。

一、劈刀

劈刀常见于刀术套路演练中，为从上向下的攻击性刀法，动作方法（见图4-4-1）是：
（1）脚分前后站立，右手握刀上举，刀刃向前，刀尖向上；
（2）左手按于左胯侧，刀由上而下用力，力达刀刃前部或中部；
（3）左臂屈肘上摆配合用力，目视前方。

图 4-4-1

二、扎刀

扎刀常见于刀术套路演练中，为直线攻击性刀法，简单易学，动作方法（见图 4-4-2）是：

右手握刀向前或前上、前下，直出直刺，刀尖、手臂与刀呈直线，力达刀尖，如弓步扎刀。

图 4-4-2

三、砍刀

砍刀常见于刀术套路演练中，为从斜上向斜下的攻击性刀法，特点是动作简单易学，动作方法（见图 4-4-3）是：

（1）开步站立，右手举刀于右斜上方，向左斜下方斜劈，力达刀刃前部；

（2）左手弯曲合于右肩旁，目视刀尖。

图 4-4-3

四、斩刀

斩刀常见于刀术套路演练中，为水平攻击性刀法，特点是动作幅度较大，动作方法（见图 4-4-4）是：

右手握刀向左或向右平摆，力达刀刃前部或中部，高不过头，低不过裆，目视刀刃前部，如分开站立步平斩刀。

图 4-4-4

五、点刀

点刀常用于刀术套路演练中，为攻击性刀法，特点是动作幅度小，动作简单易学，动作方法（见图 4-4-5）是：

右手握刀提腕，使刀尖向前下啄击，力达刀尖，目视刀尖，如弓步点刀。

图 4-4-5

六、崩刀

崩刀常见于刀术套路演练中，为防守性刀法，特点是动作幅度小，动作方法（见图 4-4-6）是：

右手握刀沉腕，下压刀柄，使刀尖向上弹起，力达刀尖，目视刀尖，如丁步崩刀。

图 4-4-6

七、推刀

推刀常见于刀术套路演练中，为防守性刀法，特点是动作幅度大、简单易学，动作方法（见图 4-4-7）是：

(1)右手握刀柄，左手扶按刀背，两臂由屈而伸推出；
(2)刀尖向左，刀呈水平，推出为平推刀；
(3)刀尖向下，刀刃向前立刀，推出为立推刀，目视刀刃。

图 4-4-7

八、撩刀

撩刀常见于刀术套路演练中,为进攻性刀法,特点是动作幅度小,动作方法(见图 4-4-8)是:

(1)右手握刀,腕内旋或外旋,用小指一侧的刀刃向前或向上用力;

(2)力达刀刃前部,目视刀尖,如弓步撩刀。

图 4-4-8

九、截刀

截刀常见于刀术套路演练中,为防守性刀法,特点是动作幅度大、姿势优美,动作方法(见图 4-4-9)是:

(1)右手握刀,刀刃斜向下或斜向上用力,力达刀刃前部;

(2)目视刀刃前部,如提膝下截刀。

图 4-4-9

十、挂刀

挂刀常见于刀术套路演练中，为进攻性刀法，特点是动作幅度大，要求全身协调配合用力，动作方法（见图 4-4-10）是：

右手握刀，臂腕内旋，刀尖向下、向左后，或臂腕外旋，刀尖再向下、向右后划弧，以刀背为力点，目视刀尖，如右虚步挂刀。

图 4-4-10

十一、抹刀

抹刀常见于刀术套路演练中，为进攻后快速收刀刀法，特点

是动作幅度小、简单易学,动作方法(见图4-4-11)是:

右手握刀,由前或斜前平刃向左后或向右后抽割,如分开站立步右平抹刀。

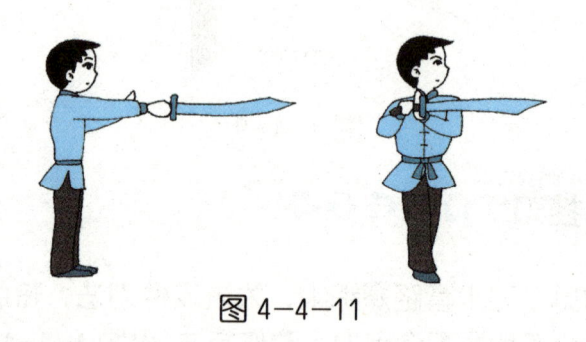

图 4-4-11

十二、扫刀

扫刀常见于刀术套路演练中,为进攻性刀法,特点是动作幅度大,能使自己由被动变为主动,动作方法(见图4-4-12)是:

右手握刀,平刃向左或向右,沿水平方向平摆,力达刀刃前部,如单膝跪扫刀。

图 4-4-12

十三、云刀

云刀常见于刀术套路演练中，特点是动作幅度大，要求全身协调用力，动作方法（见图4-4-13）是：

右手握刀，在头上方或头前上方，以腕关节为轴，平圆绕环，力达刀刃。

图 4-4-13

十四、藏刀

藏刀常见于刀术套路演练中，特点是动作幅度大，身体协调配合手臂动作，动作简单易学，下肢脚步动作较为关键，动作方法（见图4-4-14）是：

右手握刀，刀在髋侧或腋下、背后隐藏，如弓步藏刀、马步藏刀。

图 4-4-14

十五、格刀

格刀常见于刀术套路演练中，为防守性刀法，主要防守对方横砍自己躯干部，动作方法（见图 4-4-15）是：

右手握刀，臂内旋或外旋，使刀尖转向下，刀刃向外，立刀或斜向下，以刀背为力点向左或向右格挡，如开步格刀。

图 4-4-15

十六、架刀

架刀常见于刀术套路演练中，为防守性刀法，主要用来防守对方下劈，特点是动作简单易学，动作方法（见图 4-4-16）是：

右手握刀，左手按住刀背前部，刀刃向上，两手向上托举，横架过头，如错步站立架刀。

图 4-4-16

十七、缠头刀

缠头刀常见于刀术套路演练中，特点是动作幅度大，是刀术中常见而且技术比较优美的一种刀法，动作方法（见图 4-4-17）是：

（1）右手握刀于体右侧，右臂内旋，刀上举，刀尖指向下方，逆时针方向向头后、背后缠绕；

（2）刀背绕过右肩向前、向左平扫至左腋下，同时左臂配合摆动，如开步缠头刀。

图 4-4-17

十八、裹脑刀

裹脑刀常见于刀术套路演练中，特点是动作幅度大，是刀术中常见而且技术比较优美的一种刀法，动作方法（见图 4-4-18）是：

（1）右手握刀于左腋下，向右平扫刀，经体前右臂外旋上举刀，刀背沿右肩、背部顺时针绕环，经左肩下落；

（2）左臂配合旋摆，如分开站立步裹脑刀。

图 4-4-18

第五章 初级刀术

初级刀术是初学者最容易掌握的一种刀术,学会了初级刀术对于学习其他类别的刀术就会相对容易一些。初级刀术包括预备姿势及起势、第一段、第二段、第三段、第四段和收势等。

第一节 预备姿势及起势

正确的预备姿势及起势，是初级刀术整个套路动作连贯、自然的基础。

一、预备姿势

动作方法（见图5-1-1）是：
(1)两脚并步站立，目平视前方；
(2)左手以拇指和虎口压住刀盘，食指和中指夹住刀柄，中指、无名指和小指握住刀盘，使刀背贴靠前臂，刀刃朝前，刀尖朝上，垂于上体左侧；
(3)右手五指并拢，垂于上体右侧。

图5-1-1

二、起势

起势包括第一组动作和第二组动作。

(一)第一组动作

1. 动作方法(见图 5-1-2)

(1)右手从右侧向右、向上直臂弧形绕行,掌心向左,目视右掌;

(2)右臂外旋、屈肘,经左肩下落至左胸前,掌心朝上;

(3)左手握刀,在右手屈肘下落的同时,由体前屈肘,经右臂内侧直臂向上穿柄,刀尖向下,手心朝右,眼随右手;

(4)右手从左胸向下、向右弧形绕行,同时左手握刀从上向左、向下弧形绕行,目视右手;

(5)虚步亮掌,右手继续向上绕行至头上方,屈腕呈横掌,肘部略屈,掌心向前上方,手指朝左;

(6)左手握刀继续向下绕行至身后,反臂斜举,手心朝右;

(7)右腿在右手抖手呈亮掌的同时屈膝半蹲;

(8)左脚随之向前伸出,以脚尖虚点地面,膝略屈,呈左虚步,双目向左平视。

2. 技术要点

(1)以上动作要连贯完成;

(2)做虚步时,要挺胸、塌腰,虚实分明;

(3)抖腕、亮掌、摆头和虚步应同时完成。

图 5-1-2

(二)第二组动作

1. 动作方法(见图 5-1-3)

(1)左脚向前上一小步,腿略屈,右脚原地不动,腿蹬直,同时右手经体前弧形下落至身后反臂斜举,头不动;

(2)左脚原地不动,腿蹬直,右脚向前进一步,膝略屈,左手抱刀与右手同时从身后向体侧平举,头不动;

(3)并步交刀,右腿蹬直,左脚向前并步,左手抱刀,与右手同时从身侧向额前上方弧形绕环,至额前上方时右手虎口张开贴近刀盘,准备接握左手之刀,双目向前平视。

2. 技术要点

(1)进步和并步要向前直行,步幅适中;

(2)进步和并步应与两臂动作协调一致;

(3)上、下肢和头部动作要同时完成。

图 5-1-3

第二节 第一段

第一段包括弓步缠头、虚步藏刀、弓步前刺、并步上挑、左抡劈、右抡劈、弓步撩刀和弓步藏刀等。

一、弓步缠头

1.动作方法（见图 5-2-1）

（1）左脚向左开步，腿略屈，右腿屈膝略蹲，左手经体前向左侧弧形伸出，掌心向后，右手持刀使刀背贴身从左绕向身后，双目向左平视；

（2）上体左转，左腿屈膝半蹲，右腿蹬直，呈左弓步，右手持刀，手心朝上，上体左转的同时从身后向右平扫，扫至体前时手心朝下继续向左肋处平扫，使刀背靠于左肋，刀尖向后，刀身放平，左手同时绕至头上方呈横掌，肘略屈，双目向前平视。

2.技术要点

（1）做缠头刀时，刀背要贴背部绕行；
（2）体前平扫刀要平，最后手腕要突然翻转、发力；
（3）整个动作应一气呵成。

图 5-2-1

二、虚步藏刀

1.动作方法（见图 5-2-2）

（1）上体右转，左腿蹬直，右腿屈膝，右手持刀，手心朝下，上体右转的同时向右平扫，刀刃朝右，左掌随之向下平落，手心朝上，目视刀尖；

(2)前边动作不停，顺势右臂外旋，使刀背贴靠脊背绕向身后，刀尖朝下；

(3)以右脚前脚掌为轴碾地，上体随之左转，左脚回收半步，膝关节略屈，右腿屈膝略蹲，右手持刀从背后向左肩外侧绕行，同时左掌经体前向下弧形绕至右腋处；

(4)左脚前脚掌虚点地，膝略屈，右腿屈膝半蹲呈左虚步，右手持刀从左肩外向下、向后拉回，刀刃斜朝身后，刀尖朝前下方，左手随之向前立掌平推，掌尖朝上，目视左掌。

2.技术要点

(1)以上四个动作是分解动作，练习时应连贯完成；

(2)练习裹脑刀时，注意体会用腰纵轴转动来带动刀的运行；

(3)在完成虚步藏刀动作时，虚步、藏刀和推掌应同时完成。

图 5-2-2

三、弓步前刺

1.动作方法(见图 5-2-3)

(1)左脚向前上一小步，右脚随即向前进一大步，左腿蹬直，右腿屈膝半蹲，呈右弓步；

(2)左掌在上步同时从前向上、向后直臂绕至身后呈勾手，勾尖向下，同时右手持刀经腰间向前直刺，目视刀尖。

2.技术要点

(1)刺刀方向和右膝的弓步方向应一致；

(2)右肩、右手和刀尖呈水平直线，上身略前倾；
(3)弓步刺刀要求挺胸、塌腰。

图 5-2-3

四、并步上挑

1.动作方法（见图 5-2-4）
(1)右脚蹬地向左脚靠拢，并步站立；
(2)右手持刀在右脚回收并步的同时向上屈腕挑起，至头上时使刀身向背后落下，刀背贴靠脊背，刀尖朝下；
(3)左勾手随之向左平摆，与肩同高，勾尖向下，目视前方。
2.技术要点
(1)动作完成要迅速，要求练习者右腿用力蹬地，重心后移并收脚；
(2)上肢动作要灵巧、快速，右手持刀至头上时，手腕猛屈，将刀固定于后背；
(3)动作完成时要注意两腿并拢伸直，右肘略屈。

图 5-2-4

五、左抡劈

1. 动作方法（见图 5-2-5）

（1）右脚向左前方上步，右手持刀向左前方下劈，左手变掌按于右肘旁，目视刀身；

（2）劈刀不停，顺势右臂内旋屈腕，将刀从下摆至身体左侧，刀尖向后，头向左后转；

（3）左脚向左前方上步，右腿伸直呈左弓步，右手握刀向上提起，刀刃向上，左掌按于右肘旁；

（4）右手握刀向右前方下劈，刀尖略上翘，左臂上举横掌，目视刀尖。

2. 技术要点

（1）以上四个分解动作是一个完整动作，练习时要连贯完成；

（2）抡劈、亮掌和弓步应协调配合。

图 5-2-5

六、右抡劈

1. 动作方法（见图 5-2-6）

（1）右腿屈膝略蹲，重心移至右腿，左脚略回收，膝部略屈，右手持刀向右下方抽回，刀刃朝下，目视刀身；

（2）前边动作不停，右手持刀臂外旋，使刀尖向下、向右后绕行，至右侧时刀背朝上，左掌同时上弧形绕至右胸前；

（3）左脚向右斜前方上步，右手持刀臂外旋，将刀举于头上，左掌向左下方绕环；

（4）右脚向右斜前方上步，呈右弓步，同时右手持刀从上向右斜前方劈下，刀尖向上略翘；左掌随之从下向左、向上弧形绕至头顶上方，呈横掌，肘略屈，目视刀尖。

2.技术要点

与做抡劈动作技术要点同。

图 5-2-6

七、弓步撩刀

1.动作方法（见图 5-2-7）

（1）重心后移，右腿屈膝上提，右手持刀，臂外旋，屈肘，翻腕，使刀刃朝上，刀尖朝前；

（2）上动不停，右脚向前落步，右手持刀向上、向后、向下贴身弧形绕环，左掌随之向下按于刀背上，目视刀尖；

（3）左脚从体前上步，呈左弓步，右手持刀，在左脚上步的同时向前撩起，刀刃斜向上，刀尖斜向下，左掌仍按在刀背上，上身前倾，目视刀尖。

2.技术要点

（1）撩刀时刀应贴身划立圆；

（2）撩刀应与步法协调一致。

图 5-2-7

八、弓步藏刀

1. 动作方法（见图 5-2-8）

（1）上体右转，右手持刀，手心朝下经体前向后平扫，左臂平举于左侧，目视刀身；

（2）上体继续右转，左脚尖内扣，右脚向身后撤步，左腿屈膝，右腿伸直，右手持刀顺扫刀之势臂外旋，使刀背贴脊背绕行，刀尖朝下；

（3）左脚向左斜后方撤步，右腿屈膝，左腿伸直，同时右手持刀从背后向左肩外侧绕行，左掌向下绕至右腋下；

（4）重心下降，呈右弓步，右手持刀从左肩外侧向右后下方拉回，刀刃斜向下，刀尖斜向前，左掌同时从右腋处向前立掌平推，目视左掌。

2. 技术要点

（1）上述动作在练习时要连贯完成；

（2）扫刀要迅速，裹脑刀要贴背；

（3）推掌时要拧腰、顺肩，五指并拢，力达小指一侧；

（4）弓步时左脚尖内扣，左腿蹬直，脚跟和脚外侧不可掀起。

图 5-2-8

第三节 第二段

第二段包括提膝缠头、弓步平斩、仆步带刀、歇步下砍、左劈刀、右劈刀、歇步按刀和马步平劈等。

一、提膝缠头

1. 动作方法（见图 5-3-1）

（1）左脚向前上一步，右脚不动，右手持刀，经体前使刀背绕左臂外侧向后绕行，刀尖朝下，左掌回收于右肩前方；

（2）以左脚跟为轴，脚尖外撇，上体左转，右手持刀继续绕行至背后，同时左掌向左直臂平摆，目随体转；

（3）左腿蹬直，右腿屈膝提起于身前，脚面绷平，脚尖朝下，右手持刀从背后向前、向左平扫至左腋下，手心朝下，刀背贴肋，刀尖朝后，同时左掌从左侧屈肘至头顶上方，呈横掌，目视右方。

2. 技术要点

（1）缠头刀要贴靠脊背，上下肢动作应同时完成；

（2）提膝的小腿和脚要略内扣，以达到护裆的目的。

055

图 5-3-1

二、弓步平斩

1. 动作方法（见图 5-3-2）

（1）重心右移，右脚向右侧落步，左腿蹬直，右腿屈膝半蹲，呈右弓步；

（2）右手持刀从左腋下向身前平扫，刀尖朝前，手心向下，左掌向后直臂平落，拇指一侧向上，目视刀尖。

2. 技术要点

斩刀的刀身应与地面平行。

图 5-3-2

三、仆步带刀

1. 动作方法（见图 5-3-3）

（1）右手持刀臂外旋，使刀刃朝上，刀尖略向下斜垂；

（2）重心后移，左腿屈膝全蹲，右腿挺膝伸直，呈仆步，右手持刀向左上方屈肘回带，刀刃朝上，刀尖略下垂，同时左掌屈肘附于右腕处，拇指一侧朝下，目视右侧。

2.技术要点

翻刀、后带动作应连贯完成。

图 5-3-3

四、歇步下砍

1.动作方法（见图 5-3-4）

（1）右手持刀从右肩外侧向背后绕行，刀尖朝下，同时左掌向左侧平伸，目视左方；

（2）右脚不动，左脚向右侧插步，右手持刀从身后向左肩外侧绕行，手心朝下，刀尖朝后，同时左掌从左向下、向右腋下绕行，目视右侧；

（3）两腿屈膝全蹲，呈歇步，右手持刀在歇步下坐同时，从左肩处向前、向右下方斜砍，手心朝下，刀尖朝前，左掌随之向左上方摆出，呈横掌，目视刀身。

2.技术要点

刀下砍与歇步要同时完成。

图 5-3-4

五、左劈刀

1. 动作方法（见图 5-3-5）

（1）身体起立，右手持刀，使刀背顺左臂外侧向左后方绕行，刀尖朝下，左掌屈肘回收附于右手腕处；

（2）两前脚掌拧转，使上体向左后转，右手持刀顺左臂绕行至背后，左掌随之向左平摆，拇指一侧朝下，右膝略屈；

（3）上动不停，上身继续左转，呈左弓步；

（4）左脚不动，右脚向左斜前方上步，右腿膝略屈，同时右手持刀从身后向上、向前、向左下方斜劈，左掌随之附于右肘处，手指朝上；

（5）上动不停，右手持刀顺势臂内旋，屈腕使刀摆向身后，刀刃朝下，左掌附于右腕处，目视刀尖。

2. 技术要点

上述分解动作要连贯、迅速。

图 5-3-5

六、右劈刀

1. 动作方法（见图 5-3-6）

（1）上体略立起并右转，右手持刀上举，使刀背顺左肩外侧绕向背后，刀尖朝下，左掌同时上举；

（2）左脚向右斜前方上步，右膝略屈，同时右手持刀从背后向上、向前、向右下方斜劈，刀尖斜向下，左掌附于右腕处；

（3）上动不停，右臂外旋并屈腕，使刀尖向后摆起，刀刃朝下，左掌随之分开，目视刀尖。

2. 技术要点

劈刀要连贯、有力。

图 5-3-6

七、歇步按刀

1. 动作方法（见图 5-3-7）

（1）右手持刀屈肘外旋，使刀背从右肩外侧向后绕行，刀尖斜向下，目视右侧；

（2）左脚跟外展，右脚从身后向左侧插步，右手持刀从背后向左肩外侧绕行，左掌同时附于右手腕处；

（3）两腿屈膝全蹲，呈歇步，右手持刀向左侧下按，刀刃朝下，刀尖朝身后，目视刀身。

2. 技术要点

(1) 裹脑刀应贴靠背部；

(2) 歇步、按刀应同时完成。

图 5-3-7

八、马步平劈

1. 动作方法（见图 5-3-8）

(1) 身体边起立边向右后转，右手持刀与左掌随身体转至上身左侧时向上举起，刀尖斜朝下，目视刀尖；

(2) 两腿屈膝半蹲呈马步，右手持刀从左向上、向右劈下，刀尖略上翘，左掌在头顶上方屈肘呈横掌，目视右侧。

2. 技术要点

(1) 转身、马步、劈刀要快速连贯完成；

(2) 呈马步时两脚尖要向前，两脚间的横向距离宽于肩。

图 5-3-8

第四节 第三段

第三段包括弓步撩刀、插步反撩、转身挂劈、仆步下砍、架刀前刺、左斜劈刀、右斜劈刀和虚步藏刀等。

一、弓步撩刀

1. 动作方法（见图 5-4-1）

（1）左掌从上向右肩处弧形落下，目视左掌；

（2）上体左转，右脚向左侧上一大步，呈右弓步，右掌在右脚上步同时继续向下、向左、向上绕环至后上方，呈斜上举，掌心朝上，右手持刀同时向下、向左侧撩起，刀刃斜朝上，刀尖斜朝下，目视刀尖。

2. 技术要点

上步和撩刀应同时进行，眼随刀走。

图 5-4-1

二、插步反撩

1. 动作方法（见图 5-4-2）

（1）上体左转，左腿屈膝，右腿蹬直，同时右手持刀向上、向右绕环，左掌屈肘收于右胸前，目随刀转；

（2）左脚经身后向右侧插步，上体右转，右手持刀继续向下、向右反臂撩刀，刀刃斜朝上，同时左掌向左侧横掌推出，小指一侧朝上，肘略屈，目视刀尖。

2．技术要点

（1）两个分解动作要连贯完成；

（2）横掌、插步和撩刀应同时完成；

（3）插步反撩时上身略向前倾。

图 5-4-2

三、转身挂劈

1．动作方法（见图 5-4-3）

（1）两脚以前脚掌为轴，上体左转，右手持刀手腕反屈，使刀尖上翘，随上体转动同时向下、向左上方挑起，左掌随上体转动；

（2）上动不停，上体继续向左后转，两腿交叉，右手持刀与转体同时向上、向下、向左绕环挂刀，左掌附于右腕处，目视刀尖；

（3）上动不停，左脚向右跨步，右手持刀臂内旋，使刀向上举起，刀刃朝上，左掌从右腕处向下、向左弧形绕环；

（4）重心移至右腿，左腿屈膝提至腹前，右手持刀在提膝的同时从上向右用力下劈，刀刃斜朝下，刀尖略上翘，左掌同时屈肘头上，呈横掌，目视刀尖。

2.技术要点

（1）挂刀时应反屈腕，使刀立圆运行；

（2）劈刀时上体略向右倾；

（3）上述四个动作要连贯进行，一气呵成。

图 5-4-3

四、仆步下砍

1.动作方法（见图 5-4-4）

（1）重心左移，左脚向左侧落步，右腿伸直，左腿屈膝，右手持刀屈肘，使刀刃向后，刀尖朝下，沿右肩外侧向左贴脊背绕行，同时左掌向左、向下、向右于胸前弧形绕环，呈侧立掌，掌心朝右；

（2）重心下降，右腿伸直，左腿全蹲呈仆步，右手持刀从背后向左、向前、向右下方平砍，刀尖朝前，刀刃朝右，左掌同时举于头上方，呈横掌，目视刀身。

2.技术要点

裹脑刀要贴靠脊背,平砍时力点在刀身后段。

图 5-4-4

五、架刀前刺

1.动作方法(见图 5-4-5)

(1)左脚蹬地并向右侧上步,身体右后转,右膝略屈,右手持刀臂内旋向上架刀,刀刃朝上,同时左掌附于右手腕处,目平视左前方;

(2)上动不停,以左脚前脚掌为轴,上体向右后转体,右腿提膝,转体同时右手持刀上举,经头上屈肘落于胸前,手心向内,刀刃朝上,刀尖向右;

(3)右脚向前落步,呈右弓步,右手持刀向前直刺,刀刃朝下,同时左掌向左后方平伸,掌指朝后上方,目视刀尖。

2.技术要点

(1)上述三个动作应连贯、迅速完成;

(2)转身时刀尖方向不变。

图 5-4-5

六、左斜劈刀

1. 动作方法（见图 5-4-6）

（1）左脚略回收，并以两前脚掌碾地使上体右转，右手持刀臂内旋，刀尖朝下，使刀背沿左肩外侧向后绕行，左手向前弧形平摆，目视前方；

（2）上动不停，左腿屈膝上提，右手持刀从后向右、向前、向左下方劈刀，左掌附于右前臂，上体略前倾；

（3）上动不停，右臂屈腕内旋，使刀尖向左后上方摆起。

2. 技术要点

（1）上述两个动作应快速、连贯完成；

（2）缠头刀要贴靠脊背。

图 5-4-6

七、右斜劈刀

1. 动作方法（见图 5-4-7）

（1）左脚向前落步，目视前方；

（2）上体向右后拧转，右腿屈膝上提，右手持刀从左向前、向右下方斜劈，左掌同时向左侧斜上举，拇指一侧向上，目视刀尖。

2. 技术要点

斜劈与提膝应同时完成。

图 5-4-7

八、虚步藏刀

1. 动作方法（见图 5-4-8）

（1）右脚向后落，左腿略屈，右手持刀，同时屈腕外旋，使刀背沿右肩外侧向后绕行，刀尖朝下，目视前方；

（2）重心后移，左脚略回收，右腿屈膝，右手持刀从背后向左肩外侧绕行，左掌同时向下弧形绕至右腋处；

（3）重心下降，呈右虚步，右手持刀从左侧向下、向右后拉回，刀尖斜朝下，左掌随即向前立掌平推，目视左掌。

2.技术要点

(1)上述动作应连贯完成；

(2)裹脑刀要使刀背贴靠脊背绕行。

图 5-4-8

第五节 第四段

第四段包括旋转扫刀、翻身劈刀、缠头箭踢、仆步按刀、缠头蹬腿、虚步藏刀、弓步缠头和并步抱刀等。

一、旋转扫刀

1.动作方法（见图 5-5-1）

(1)左脚踏实，右手持刀臂内旋，沿左臂外侧绕行，左掌附于右手腕处；

(2)左脚尖外摆，右脚上步，脚尖内扣，上体左转，右手持刀沿左肩向右后方绕行，同时左掌向左平摆，目视右方；

(3)上动不停，左脚从身后向右侧方插步，右手持刀继续从背后向右肩外侧绕行，目视右手；

（4）两腿屈膝全蹲，呈歇步，右手持刀手心朝上，从右肩外侧向前下方平扫，目视刀身；

（5）上动不停，两前脚掌碾地，上体向左后转，转身同时右手持刀低扫一周，随后两腿直立，右手持刀顺扫刀之势臂内旋，将刀贴靠于左臂外侧，左掌附于右手腕处，目视左方。

2.技术要点

（1）上述五个动作应连贯完成；

（2）旋转扫刀时刀身要平。

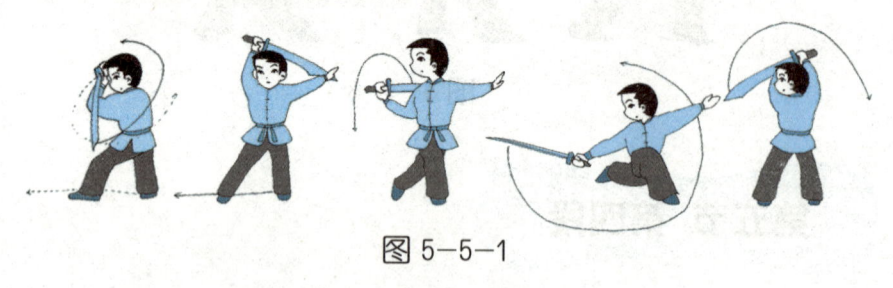

图 5-5-1

二、翻身劈刀

1.动作方法（见图 5-5-2）

（1）重心略下降，右膝略屈，上体右转，同时右手持刀向右侧下劈，左掌附于右前臂，目视刀尖；

（2）重心左移，左脚蹬地跳起，右脚向左侧摆动并向前落地，同时上体向左后翻转，在跳转同时，左掌向下、向左、向上弧形绕环，至头顶上方时呈横掌，右手持刀向下、向左后撩刀，刀刃斜朝上，目视刀身；

（3）上动不停，上体继续后转，左脚向身后落步，呈仆步，右手持刀在转身落步的同时向上、向前劈下，左掌向下、向后上方摆起，呈横掌，肘略屈，目视刀尖。

2.技术要点

(1)翻身跳跃与抡劈刀要协调一致；

(2)抡劈刀要呈立圆；

(3)翻身跳跃要轻巧，不要向高跳。

图 5-5-2

三、缠头蹬踢

1.动作方法(见图 5-5-3)

(1)左腿蹬直，使上体立起，右手持刀臂内旋，使刀背沿左臂外侧向后绕行，左掌屈肘收于右肩前方，同时右脚蹬地上跳，左脚向前摆起，左掌此时向左侧平摆；

(2)右手持刀在空中向右、向前、向左肋处平扫，左掌随之屈肘上举，在头顶上方呈横掌，左脚落地同时右脚跟向前蹬出，脚尖朝上。

2.技术要点

(1)缠头与蹬脚应协调配合；

(2)蹬脚时要注意膝由屈到伸，勾脚。

图 5-5-3

四、仆步按刀

1. 动作方法（见图 5-5-4）

（1）上体右转，右手持刀从左肋处向前、向右、向后下方斜劈，左手在左侧斜上举，手心向上，目视刀身；

（2）右腿屈膝收回，右手持刀臂外旋，使刀沿右肩外侧向背后绕行，刀尖朝下；

（3）左脚蹬地跳起，右脚落下，同时上体向右后转，右手持刀在换跳的同时从背后向左肩外侧绕行，左掌附于右手腕处；

（4）左脚在左侧方落步，右腿屈膝全蹲，呈仆步，左手仍附于右手腕，并与右手刀同时向下按切，刀刃朝下，刀尖朝左，目视左方。

2. 技术要点

（1）上述动作应快速、连贯完成；

（2）换跳和右后转身要借助劈刀的惯性；

（3）仆步动作两脚应踩地，不能离地掀起。

图 5-5-4

五、缠头蹬腿

1. 动作方法（见图 5-5-5）

（1）右腿蹬直，左膝上提，右手持刀向右后拉回，左掌向左前方伸出，呈立掌，目视左手；

(2)右手持刀从后向前，由左膝下方朝左裹膝抄起，左掌附于右前臂，目视刀身；

　　(3)左脚向左斜前方落步，膝略屈，右手持刀从左肩外侧向后沿肩背绕行，左手向左平摆，掌心朝下；

　　(4)右腿蹬直，左腿屈膝半蹲，呈左弓步，右手持刀从背后经右肩外侧向前、向左平扫，至左前方时顺扫刀之势臂内旋，使刀背贴靠左肋，同时左掌上举至头顶上方，呈横掌；

　　(5)左腿蹬直，右脚向前上方蹬起，脚尖上翘，目视脚尖。

2.技术要点

　　(1)做缠头时应先缠绕左膝后再做缠头刀动作；

　　(2)蹬腿应大小腿折叠后再蹬出，将屈伸性腿法更好地体现出来。

图 5-5-5

六、虚步藏刀

1.动作方法(见图 5-5-6)

　　(1)右脚向前落步，目视前方；

　　(2)左脚向前跃步，右脚提起，上体同时向右后转，右手持刀手心朝下，在转身之际向右后平扫，左掌向左后方平摆，掌心朝上；

　　(3)右脚后落，右手持刀臂外旋，使刀背沿右肩外侧向后绕行；

（4）重心后移至右腿，右手持刀从背后向左肩外侧绕行，左掌从左向下、向右腋处弧形绕环后附于右腕处；

（5）重心下降，左脚尖点地，呈虚步，右手持刀向下、向后拉回，刀刃斜向后，刀尖斜朝前，左掌向前立掌平推，指尖朝上，目视左掌。

2．技术要点

（1）上述分解动作要连贯完成；

（2）步法与上肢动作应协调一致。

图 5-5-6

七、弓步缠头

1．动作方法（见图 5-5-7）

（1）右腿向右前方上半步，右手持刀臂内旋，使刀从左肩外侧向后绕行，左掌经右肋向左平摆；

（2）右腿蹬直，左腿半蹲呈左弓步，右手持刀从背后向右、向前、向左平扫，至左肋时顺扫刀之势臂内旋，使刀背贴靠左肋，刀尖朝后，同时左掌上举于头顶上方，呈横掌，目视前方。

2．技术要点

（1）上述两动作应快速、连贯完成；

（2）缠头动作要使刀背贴靠脊背绕行，蹬腿、转腰、扫刀要协调一致。

图 5-5-7

八、并步抱刀

1. 动作方法（见图 5-5-8）

（1）重心右移，左腿伸直，右腿屈膝，右手持刀向右平扫，同时左掌向左平摆，目视刀尖；

（2）借扫刀之势右臂外旋，使刀背向身后平摆，目视右手；

（3）左脚向右脚靠拢，呈并步直立，右手持刀从右肩处绕至左肩，刀把向额前上方举起，同时左掌举至额前上方，用掌心握住刀柄，小指一侧朝下，准备接右手刀，目视右侧。

2. 技术要点

（1）向右扫刀要平、要快，并与屈腕摆刀连接顺畅进行；

（2）并步与接刀要同时完成。

图 5-5-8

第六节 收势

1. 动作方法（见图5-6-1）

（1）左手接刀与右掌同时经体前向两侧落下，左手抱刀，刀刃朝前，左脚后退一步，目视右手；

（2）右脚后撤一步，同时右掌向右、向上绕至头顶右侧，呈横掌，掌心朝前，小指一侧向上，左手抱刀不动，目视右手；

（3）左脚向右脚靠拢，呈并步直立，右掌同时下按，肘略屈，指尖朝前，左手抱刀不动，目视左方。

2. 技术要点

（1）上述分解动作要连贯完成；

（2）并步、按掌、摆头要同时完成；

（3）并步、按掌时两肘略屈，并向外撑开。

图5-6-1

第六章 刀术比赛规则

刀术比赛是普及刀术运动的一种很好的形式,刀术比赛所需要的场地较小,设备要求不高,但是刀术比赛也有其规则和方法。

第一节 程序

刀术比赛特有的精神、劲力、身法和节奏是贯穿在整个套路之中的，这些内容既有区别，同时又有内在的联系，所以刀术比赛的评分相对较难，这也是刀术运动具有观赏性的一种体现。

一、参赛办法

刀术比赛就是套路表演，运动员首先要进行报名，参加的比赛级别不同，所进行的场数也不相同。报名后要经过资格审查才能有机会参加比赛。

二、比赛方法

（1）记录员根据比赛的顺序，宣布运动员入场，运动员站好后，裁判长点头示意开始，运动员演练，练完后裁判长点头或挥手，运动员方能退场；

（2）在运动员演练时，各裁判员要通过一些简单符号，做必要的记录，主要记下演练中出现的问题，并迅速作出扣分多少的判断，根据赛前制定的评分标准，裁判员应首先确定运动员的得分档次，即优、良或差，然后在该档次中确定分值，准备示分；

（3）如各裁判员独立评分，裁判长鸣哨后各裁判员同时示分，并要使裁判长首先看到，然后再使运动员和观众看到，与此同时记录员按1、2、3……号裁判员顺序把分数记录在案，去掉最高和最低分，其余分数平均，即为运动员的最后得分；

（4）如果是几个裁判员协商评分，就要根据评分的内容，互相比较而定分；

（5）在评分时对任何一个新项目开始的第一名运动员的成绩，示分前裁判长应召集执行裁判员认真研究，统一标准之后再进行示分，如果在评分过程中，发现裁判员之间评分的差距太大，裁判长也应召集裁判员一起进行协商，注意评分的一致性。

第二节 裁判

虽然刀术比赛对场地和设备的要求不太高，但是对裁判员的要求却很高。因为动作的正确性、完整性和优美性等都是对专业裁判员的一种验证，没有专业的裁判员就不能对一场刀术套路的表演给予正确的评分。下面仅对裁判员做一些详细的介绍。

一、裁判员

（一）裁判人员的组成

（1）总裁判 1 人，副总裁判 1 人；

（2）每组设裁判长 1 人，裁判员 7~8 人（包括套路检查、记分、计时员）；

（3）编排记录长 1 人，编排记录员 2~3 人；

（4）检录长 1 人，检录员 1 人；

（5）报告员 1~2 人。

(二)裁判人员的职责

裁判人员在大会的领导下要严肃、认真、公正、准确地做好裁判工作，其职责如下：

1. 总裁判

（1）负责比赛事宜，指导各裁判员的工作，保证规则的执行，比赛前，组织裁判人员熟悉规则和裁判法，检查各项准备工作；

（2）讲解和解决规则中不详尽或无明文规定的问题，但无权修改规则；

（3）裁判员的评分不能取得一致时，可作最后决定；

（4）在比赛过程中，运动员有不正当行为或裁判人员发生严重错误时，可酌情处理；

（5）在竞赛过程中，根据工作需要可调换裁判人员；

（6）审核并宣布大会比赛成绩，搞好裁判总结工作。

2. 副总裁判

协助总裁判搞好工作，在总裁判缺席时，由一名副总裁判代行其职责。

3. 裁判长

（1）组织裁判组的业务学习，落实裁判工作的各项事宜，也可以参加评分；

（2）负责运动员申请重做和掌握套路的时间、组别以及器械不符合规定等方面的扣分。宣布运动员完成套路的最后得分；

（3）评分中有效分之间出现不允许的差数时，可根据规则进行调整；

（4）评分中出现明显不合理现象时，在举出运动员最后得分前，有权公开示分调整；

（5）裁判员发生严重错误时作出处理。

4.裁判员

（1）认真执行大会的各项决定，参加裁判学习和做好各项准备工作；

（2）认真执行规则，独立进行评分，并做详细记录；

（3）裁判长发出信号后，各裁判员必须同时示分，并且要使裁判长首先看到，然后再使运动员和观众看到。

5.编排记录长

（1）负责编排记录处的全部工作，根据大会要求，编排好秩序册；

（2）准备比赛时需要的记录表格，计算得分及排列名次。

6.编排记录员

根据编排记录长分配的任务进行工作。

7.记分、计时员

（1）准确地计算运动员完成套路的时间，遇有与规则不符者，应及时报告裁判长；

（2）负责所在裁判组的记分工作，并核算最后得分。

8.套路检查员

负责检查运动员的套路内容，如遇与规则不符者，予以扣分并及时报告裁判长。

9.检录长

负责检录处的全部工作，如有变化应及时与总裁判取得联系。

10.检录员

（1）按照比赛顺序及时召集运动员做好出场准备，委托一名运动员负责带队入场，并向裁判长递交检录表；

（2）检查运动员的器械，如遇与规则不符者，通知其更换，如不更换，报告裁判长。

11. 报告员

在比赛过程中，报告比赛成绩，介绍竞赛规程、规则和比赛项目的特点，以及经大会审查过的有关武术运动的宣传材料。

二、评分标准

刀术比赛的最高得分一般为 10 分，评分和扣分标准如下：

（一）动作规格的分值为 6 分

凡手形、步形、手法、步法、身法、腿法、跳跃、平衡和各种器械的方法与规格要求轻微不符者，每出现一次扣 0.1 分；与规格要求显著不符者，每出现一次扣 0.2 分；与规格要求严重不符者，每出现一次扣 0.3 分。一个动作出现多种错误时，最多扣分不得超过 0.3 分。

（二）劲力、协调的分值为 2 分

凡劲力充足，用力顺达，力点准确，手眼身法步协调（器械项目还须身械协调），动作干净利落者，给予满分。凡与要求轻微不符者，扣 0.1～0.5 分；显著不符者，扣 0.6～1 分；严重不符者，扣 1.1～2 分。

（三）精神、节奏、风格、内容、结构和布局的分值为 2 分

凡符合精神饱满、节奏分明、风格突出、内容充实、结构合理、变化多样、布局匀称的要求者，给予满分。凡与要求轻微不符者，扣 0.1～0.5 分；显著不符者，扣 0.6～1 分；严重不符者，扣 1.1～2 分。

剑术

第七章 剑术概述

剑是我国很古老的一种兵器，被誉为"百兵之君"。剑在中国出现得很早，早在春秋战国时期就已经使用铜剑。

剑术无论是技术还是理论在中国古代都发展得很完备，许多典籍都论及过剑术。古谚将刀与剑相对应，称"刀如猛虎，剑似飞凤"，这反映了演练这两种器械时的不同风格。

第一节 起源与发展

剑在我国有着悠久的历史,而剑术的历史同剑是分不开的,有了剑,也自然就产生了剑术。

一、起源

剑的历史非常久远。剑,又称宝剑,是武术器械中的短器械,也是我国最古老的兵器之一,它和刀、枪、棍一起,至今仍被称作当代武术中的四大名器。据《史记·皇帝本纪》记载:"帝采首山之铜铸剑,以天文古字题铭其上。"

虽说剑和剑术是两个概念,但是人们发明剑就是为了充分利用剑的功能,所以说剑术的起源和剑的出现是分不开的。

我国的剑术,在春秋后期开始出现,史籍中也开始出现关于剑术家的记载。

魏晋南北朝时期是一个混乱杀伐的时代,在这个特定的时代里,剑术及其理论得到了最大的发展,为了满足当时攻防杀戮的需要,练剑习艺在当时有着最广泛、最普遍的基础。剑术在不断的训练过程中出现了程序化的趋势,这便是剑术套路的雏形。

二、发展

现代剑术发展到今天并不是非常顺利的,从剑术的萌芽到今天的发展状况表明,剑术经历了时间的考验。

新中国成立以来，武术作为民族体育项目，在挖掘、整理、继承的基础上，得到空前的发展，出现了大面积群众性练武高潮。剑术作为重点武术项目，更是备受人们的喜爱，其内容不断丰富发展，技术日益充实提高。

现代剑术以套路为主要形式，其特点是轻盈敏捷、优美潇洒、气势流畅、灵活多变、刚柔相兼、吞吐自如。武术谚语素有"刀如猛虎，剑如飞凤""剑定美式"的说法。剑术以鲜明的武术特点、良好的健身作用和强烈的艺术感染力，吸引着越来越多的爱好者。

现代剑术内容十分丰富，常见的有青萍剑、昆吾剑、太极剑、龙形剑、八仙剑、八卦剑、三才剑、三合剑、武当剑和醉剑等。为适应武术教学和训练的需要，有关部门还规定了剑术套路的表演规则和竞赛内容要求，从而使剑术推陈出新，古为今用，向健康的方向发展。

随着剑术的发展，现代剑术的演练形式也多种多样，内容丰富多彩。

实践证明，我国源远流长的剑术运动，在现代体育事业中以它特有的魅力已经广泛流传于城乡各个角落，深深扎根于广大人民群众之中，成了广大群众最喜爱的体育运动项目之一。

第二节 特点与价值

在漫长的历史发展过程中，剑术名目繁多，技术丰富多彩，但它们的特点和价值却是共有的，而且有很高的健身功能和体育医

疗价值,同时能起到陶冶情操的作用。

一、特点

健身运动热潮不断高涨的今天,剑术作为最受群众欢迎的民族化的体育健身形式之一,正在得到空前规模的推广与普及。

(一)招式独特

当代剑术具有优美潇洒、蓄发相间、气势流畅、虚实分明、刚柔相济、动静相兼和灵活多变等特点。

(二)适应性强

剑术是一种适应性很强的体育锻炼项目,它既适合于男性,也适合于女性;既适合于一般成年人,也适合于青少年和中老年;既可以集体练,也可以单独练。

(三)易于开展

剑术练习在场地、器材等方面并没有什么特殊的要求,易于开展。

二、价值

剑术作为中国武术特有表现形式的套路运动，虽然种类繁多，但是对人体的价值却是一样的。

(一)壮内强外的健身作用

中国人民千百年来的习武实践和多年的科学研究，都说明武术由于注重内外兼修，对身体有着多方面的良好影响，经常练习剑术，能收到壮内强外的效果。

剑术注重调息运气和意念活动，长期练习对治疗多种慢性疾病和调节人体内环境平衡均有良好的医疗保健作用。

(二)培养道德情操的教育作用

剑术在长期的发展过程中，继承和发扬了中华民族重礼仪、讲道德的优良传统。"习武先习德"，说明武术练习历来重视武德教育。尚武崇德的精神可以培养青少年尊师重道、讲礼守信、宽以待人、严于律己等良好的品德和高尚的道德情操。

(三)丰富文化生活

剑术运动具有很高的观赏价值，内外合一、形神兼备的和谐美引人入胜，能够给人以一种美的享受和精神上的激励。

第八章 剑术场地、器材和装备

剑术是武术套路中的一种,具有深厚的中国武术文化内涵。在正规套路比赛时,对场地、器材和装备都有一定的要求。

第一节 场地

正规比赛或表演一般都在比较柔软的地毯上进行，同时分为单练、对练和集体项目场地。

一、规格

(一)单练和对练项目场地

(1)场地呈长方形，长14米，宽8米；
(2)场地四周内沿应标明5厘米宽的边线，其周围至少有2米宽的安全区；
(3)在场地的两长边中间各有一条长30厘米、宽5厘米的中线标记。

(二)集体项目的场地

(1)场地呈长方形，长16米，宽14米；
(2)场地四周内沿应标明5厘米宽的边线，其周围至少有1米宽的安全区。

二、设施

(一)地面

剑术表演的场地大都是在地面上铺设红地毯,一是为了方便运动员做动作时不会受伤,另一方面是继承了中国武术的表演传统,使人感受到剑术浓厚的中华文化底蕴。

(二)器材架

器材架是放置兵器的支架,可以使表演者更加方便地进行表演或练习。

三、要求

(1)从地面量起,赛场上空至少应有8米的无障碍空间,如设两个以上比赛场地,两场地之间距离应在6米以上;

(2)器材架要放在合适的地方,不能给运动员练习或表演带来不便。

第二节 器材

中国古代的剑依长短不同,分为巨剑、长剑、短剑和小剑,而今天的剑,主要是长剑,超短型袖珍式短剑只存在于个别边疆少数民族地区,主要用于防身。

一、规格

（1）剑的长度一般为反手垂臂持剑，剑尖在人耳的上沿以上；
（2）重量由 0.5~1 千克不等；
（3）竞赛规定用剑，成年男子剑重量不得轻于 0.6 千克，成年女子剑不得轻于 0.5 千克。

二、构造

（一）剑身

（1）剑身由剑尖、剑刃、剑脊和剑面组成；
（2）剑尖为剑身最前端的尖锐部分，剑刃为剑身两侧锋利部分，剑脊为剑身长轴隆起部分，剑面为剑脊两侧的平面。

（二）剑把

（1）剑把由剑首、剑柄和护手组成，并配置剑穗和剑鞘；
（2）剑首为剑柄后端的突出部分，剑柄为剑把上的把柄，护手又称剑格，为剑柄与剑身间相隔的突出部分；
（3）剑穗又称剑袍，为系在剑首的穗子，剑鞘为用来盛装宝剑的囊鞘（见图 8-2-1）。

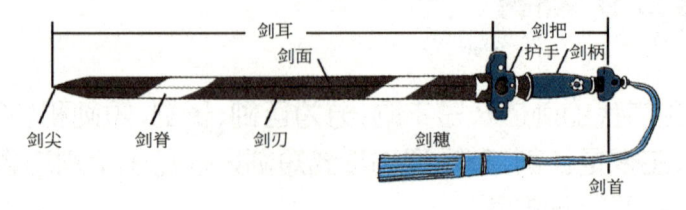

图 8-2-1

第三节 装备

剑术的装备是指运动员在进行剑术套路表演时身上的衣着及鞋等,武术的衣着不同于其他体育项目的服装,讲究的是一种武术内涵。

一、服装

(一)款式(见图 8-3-1)

(1)女子为中式半开门小褂(长袖或短袖自定),5 对中式直袢;男子为中式对襟小褂(长袖或短袖自定),7 对中式直袢;

(2)灯笼袖,袖口处加两对中式直袢;

(3)扎软腰巾,西式裤腰,中式裤脚,横直裆要适宜。

图 8-3-1

(二)材质

(1)服装的原料可自由选择,舒适即可;
(2)如果剑法沉着、步法稳健,选用平绒面料效果比较好;
(3)如果剑法潇洒、犹如飞凤,应选择双绸或绸缎的面料为好。

(三)要求

(1)比赛时,运动员必须穿规定的比赛服装;
(2)上场比赛时,不许佩戴手表、耳环、项链和手镯等饰品;
(3)比赛服装上的广告标志或队标只允许印在左袖外侧一处,大小不得超过8厘米×5厘米。

二、鞋

比赛和表演中常见的是以羊皮或帆布制面、软胶制底的武术表演专用鞋,这种鞋既舒服又美观(见图8-3-2)。

图8-3-2

第九章 剑术基本技术

在漫长的历史发展过程中,剑术名目繁多,技术丰富多彩,但是无论哪种剑术都是由最基本的技术动作组成的。考虑到青少年的特点,本章重点介绍剑术最基本的技术动作,包括基本握法、基本步形与步法、基本身形与身法和基本剑法等。

第一节 基本握法

练习剑术首先应掌握握剑方法，这是练习剑术的最基本动作，包括左手持剑、左手剑指和右手持剑等。

一、左手持剑

左手持剑常见于剑术演练中的起势，特点是握剑紧稳，不容易脱手，动作简单，适合初学者学练，动作方法（见图9-1-1）是：

（1）手自然舒展，虎口对准剑的护手处；

（2）拇指由护手上方向下，中指、无名指和小指由护手下方向上，握住护手，食指伸直，贴于剑把之上，剑身平贴于左前臂后侧。

图 9-1-1

二、左手剑指

左手剑指的动作方法（见图9-1-2）是：

不持剑的手要捏成"剑指"，食指、中指并拢伸直，其他三指屈握掌心，大拇指扣压在无名指、小指前端骨节和指甲上。

图 9-1-2

三、右手持剑

除了预备动作和起势外，一般均为右手持剑，包括直握、平握、钳握、提握和反握等。

(一)直握

直握的动作方法（见图 9-1-3）是：
右手五指呈螺形卷握。

图 9-1-3

(二)平握

平握的动作方法（见图 9-1-4）是：
右手五指平卷握剑。

图 9-1-4

(三) 钳握

钳握的动作方法（见图9-1-5）是：
右手拇指、食指和虎口呈钳形，中指、无名指和小指自然附于剑柄。

图 9-1-5

(四) 提握

提握的动作方法（见图9-1-6）是：
右手腕关节屈提，拇指、食指下压，中指、无名指和小指上勾。

图 9-1-6

(五)反握

反握的动作方法（见图 9-1-7）是：

右臂内旋，手心向外，拇指支于剑柄下方，中指、无名指和小指下勾压。

图 9-1-7

第二节 基本步形与步法

步形和步法是剑术中非常重要的环节，对于初学者来说，学好步形和步法是非常必要的。

一、步形

步形包括弓步、虚步、马步、仆步、丁步、独立步、歇步和平行步等。

(一)弓步

弓步的动作方法（见图 9-2-1）是：
(1)两脚全脚着地，前脚脚尖朝前，屈膝前弓；

（2）膝部不得超过脚尖，后腿自然伸直，脚尖斜向前方，两脚横向，略宽于肩，以自然舒适为度。

图 9-2-1

（二）虚步

虚步的动作方法（见图 9-2-2）是：
（1）一腿屈膝下蹲，全脚着地，脚尖斜向前 45°；
（2）另一腿略屈，以脚前掌或脚跟点于身前。

图 9-2-2

（三）马步

马步的动作方法（见图 9-2-3）是：
两脚左右分开站立，约为脚长的 3 倍，脚尖正对前方，屈膝半蹲。

图 9-2-3

(四)仆步

仆步的动作方法(见图 9-2-4)是：
一腿屈膝全蹲，膝与脚尖略外展，另一腿自然伸直，下压接近地面，脚尖内扣，两脚全脚掌着地。

图 9-2-4

(五)丁步

丁步的动作方法（见图 9-2-5）是：
一腿屈膝半蹲，全脚着地，另一腿屈膝，以脚前掌或脚尖点于支撑腿内侧。

图 9-2-5

(六)独立步

独立步的动作方法(见图 9-2-6)是:
一腿自然伸直,支撑站稳,另一腿在体前或体侧屈膝提起,高于腰部,小腿自然下垂。

图 9-2-6

(七)歇步

歇步的动作方法(见图 9-2-7)是:
(1)两腿交叉屈膝半蹲,前脚尖外展,全脚着地;
(2)后脚尖朝前,膝部附于前腿外侧,脚跟离地,臀部下坐。

图 9-2-7

(八)平行步

平行步的动作方法(见图 9-2-8)是：
两脚分开站立,脚尖朝前,两脚尖外缘同肩宽。

图 9-2-8

二、步法

剑术的步法应做到进退、转换轻灵稳健,虚实分明,前进时脚跟先着地,后退时前脚掌先着地,重心移动平稳、均匀、清楚,两脚距离和跨度要适当,脚掌和脚跟碾转要适度,膝部要松活自然,直腿时膝部不可僵挺,动作包括上步、退步、盖步、插步、撤步、跳步、摆步、扣步和碾步等。

(一)上步

上步的动作方法是：
后脚向前一步，或前脚向前半步。

(二)退步

退步的动作方法是：
前脚后退一步。

(三)盖步

盖步的动作方法是：
一脚经支撑脚前横落。

(四)插步

插步的动作方法是：
一脚经支撑脚后横落。

(五)撤步

撤步的动作方法是：
前脚或后脚退半步。

(六)跳步

跳步的动作方法是：
前脚蹬地跳起，后脚前摆落地。

(七)摆步

摆步的动作方法是：
上步落地时脚尖外摆，与后脚呈"八"字。

(八)扣步

扣步的动作方法是：
上步落地时脚尖内扣，与后脚呈"八"字。

(九)碾步

碾步的动作方法是：
以脚跟为轴，脚尖外展或内扣，或以脚前掌为轴，脚跟外展。

第三节 基本身形与身法

步形、步法与身形、身法协调配合，才能做到动作灵活统一，更加有"神"。

一、身形

身形包括头颈、肩肘、胸背、腰脊和臀、胯、膝等动作。

(一)头颈

头颈的动作方法是：
头正颈直，下颌略收。

(二)肩肘

肩肘的动作方法是：
沉肩坠肘，不可耸肩，肘不可外翻扬起。

(三)胸背

胸背的动作方法是：
胸部舒松，略含，但不生硬内收；背部舒展，不可弓背。

(四)腰脊

腰脊的动作方法是：
脊要正直，腰要松活自然、运转灵活，不要前挺或后弓。

(五)臀、胯、膝

臀、胯、膝的动作方法是：
松胯敛臀，膝部伸屈，柔和自然。

二、身法

身法常见于剑术演练中,特点是端正自然,不偏不倚,舒展大方,旋转松活,不可僵滞浮软,忽起忽落,动作要以腰为轴带动四肢,上下相随,连贯完整。

第四节 基本剑法

剑术的基本剑法常见于剑术套路演练中,包括点剑、刺剑、扫剑、带剑、劈剑、抽剑、截剑、撩剑、拦剑、托剑(架剑)、挂剑、崩剑和抹剑等。

一、点剑

点剑常见于剑术套路演练中,为点击进攻性剑法,特点是动作简单易学,动作方法(见图9-4-1)是:

立剑提腕,使剑尖由上向前下点啄,臂自然伸直,力达剑刃前端下锋。

图9-4-1

二、刺剑

刺剑常见于剑术套路演练中，为正面进攻性剑法，特点是动作简单易学，动作方法（见图9-4-2）是：

(1)立剑或平剑，向前直出为刺，力达剑尖；
(2)臂由屈而伸，与剑呈一直线；
(3)剑刃向左、向右为平刺，剑刃向上、向下为立刺剑，平刺剑高与肩平。

图9-4-2

三、扫剑

扫剑常见于剑术套路演练中，为侧向进攻性剑法，特点是动作简单易学，动作方法（见图9-4-3）是：

平剑，向左、向右移剑，使剑呈一直线，力达剑刃。

图9-4-3

四、带剑

带剑常见于剑术套路演练中,为斜方向攻击性剑法,特点是动作简单易学,动作方法(见图 9-4-4)是:

平剑,由前向侧后方抽回,力点在剑刃滑动。

图 9-4-4

五、劈剑

劈剑常见于剑术套路演练中,为从上向下攻击性剑法,特点是动作简单易学,动作方法(见图 9-4-5)是:

(1)立剑,自上而下用力,力点在剑身下刃,臂与剑呈一直线;
(2)抡劈剑是将剑抡一个立圆,然后向前下方劈。

图 9-4-5

六、抽剑

　　抽剑常见于剑术套路演练中，为防守性剑法，特点是动作简单易学，动作方法（见图9-4-6）是：
　　立剑，由前向后上方、后下方抽回，力点沿剑刃滑动。

图 9-4-6

七、截剑

　　截剑常见于剑术套路演练中，为斜向防守性剑法，特点是动作简单易学，动作方法（见图9-4-7）是：
　　立剑或平剑斜切，阻截对方，力在剑刃。

图 9-4-7

八、撩剑

撩剑常见于剑术套路演练中,为从下至上进攻性剑法,特点是动作简单易学,动作方法(见图9-4-8)是:

(1)立剑,由下向前上方撩出,力点在剑身前部为撩;

(2)前臂外旋,由左下向右前上方,手心向上,贴身弧形撩出,为正撩剑;

(3)前臂内旋,由右下向左前上方贴身弧形撩出,为反撩剑。

图 9-4-8

九、拦剑

拦剑常见于剑术套路演练中,为防守性剑法,特点是动作简单易学,动作方法(见图9-4-9)是:

(1)立剑,斜向前上方托架,力点在剑刃中后部;

(2)左拦剑,立剑,臂内旋,由左下向右前方斜出,腕与头平,剑尖朝左前下,力达剑刃;

（3）右拦剑、立剑，臂外旋，由右下向左前方斜出，剑尖朝右前下，其他与左拦剑同。

图 9-4-9

十、托剑（架剑）

托剑常见于剑术套路演练中，为从下到上防守性剑法，特点是动作简单易学，动作方法（图 9-4-10）是：

立剑，向上托举，高过头部，力达剑刃，手心朝外。

图 9-4-10

十一、挂剑

挂剑常见于剑术套路演练中,为进攻性剑法,特点是动作简单易学,动作方法(图9-4-11)是:

剑尖后勾,立剑由前向后上方、后下方格开对方进攻,力点在剑身平面。

图 9-4-11

十二、崩剑

崩剑常见于剑术套路演练中,为进攻性剑法,特点是动作简单易学,动作方法(见图9-4-12)是:

立剑,沉腕,使剑尖向上,发力于腕,力达剑锋。

图 9-4-12

十三、抹剑

抹剑常见于剑术套路演练中,为防守性剑法,特点是动作简单易学,动作方法(见图 9-4-13)是:

(1)平剑,从一侧经前弧形向另一侧回抽为抹,剑尖朝异侧前方,力达剑身;

(2)力点顺剑刃滑动。

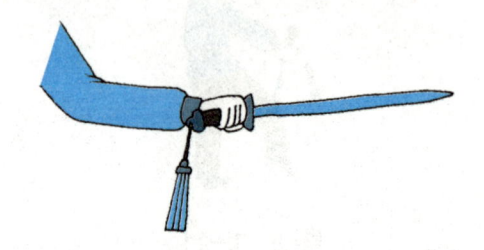

图 9-4-13

第十章 初级剑术

初级剑术是初学者最容易掌握的一种剑术，学会了初级剑术对于学习其他类别的剑术就会相对容易一些。初级剑术包括预备动作及起势、第一段、第二段、第三段、第四段和收势。

第一节 预备动作及起势

正确的预备动作及起势,是初级剑术整个套路动作连贯、自然的基础。

一、预备动作

1. 动作方法（见图 10-1-1）
(1) 身体正直,并步站立;
(2) 右手持剑,左手呈剑指;
(3) 两臂在体侧下垂,两肘略上提,目视左前方。
2. 技术要点
(1) 持剑时前臂与剑身要紧贴,并垂直于地面;
(2) 两肩松沉,上身略挺胸、收腹,两膝挺直。

图 10-1-1

二、起势

起势包括四组动作。

(一)第一组动作

1. 动作方法(见图 10-1-2)

(1)上体半面右转,右脚向右上一步,屈膝呈右弓步,同时右手剑指从身体右侧经胸前屈肘上举,至左肩后向右前方平伸指出,拇指一侧在上,目视剑指;

(2)上体右转,左手持剑由左侧直臂上举,经头部前上方向右侧划弧,至身前时拇指一侧朝下做反臂平举,同时右手剑指屈肘收于右腰侧,手心朝上,目视剑柄;

(3)左脚向右脚并步,随之左手持剑下落,垂于身体左侧,同时右手剑指向右侧平伸指出,拇指一侧在上,目视剑指。

2. 技术要点

(1)分解练习步骤为上步剑指平伸、转体持剑划弧和并步剑指平伸;

(2)动作过程中两肩要放松,持剑转体向右侧划弧时,腰向右拧转,两脚不可移动;

(3)左臂向右侧划弧至与肩同高时,肘略屈,使右手剑指从左手背穿出,呈立指。

图 10-1-2

(二)第二组动作

1. 动作方法(见图 10-1-3)

(1)左脚向左上一步,屈膝呈左弓步,上体随之左转,左脚上步同时,左手持剑屈肘,经胸前向上、向前、向后弧形绕环,平举于身体左后侧,拇指一侧在下,目视左手腕;

(2)左腿伸直站立,右脚向前并步,左手持剑平举于身前,同时右手剑指屈肘,沿右耳侧向前平伸,双手托剑,平举身前,目视前方。

2. 技术要点

(1)分解练习步骤为左弓步摆臂和并步平伸剑指;
(2)右手剑指向前指出时,肘要伸直,剑指尖略高过肩。

图 10-1-3

(三)第三组动作

1. 动作方法(见图 10-1-4)

(1)左手持剑自右手剑指上面向前平伸穿出,拇指一侧在下,

右手剑指顺左臂下面屈肘收于左肩前并屈腕,使手指朝上,上体右转,右脚向右侧跨步,屈膝呈右弓步,目视左前方;

(2)上体右转,右手剑指经身前向右侧平伸指出,拇指一侧在上,目视剑指。

2.技术要点

呈右弓步时,左腿要挺直,两脚全脚掌均应着地。

图 10-1-4

(四)第四组动作

1.动作方法(见图10-1-5)

(1)右脚前脚掌里扣,上体左转,重心落于右腿;

(2)左脚随之移回半步,屈膝呈左虚步;

(3)左脚移步同时,左手持剑向胸前屈肘,手心朝外,右手剑指亦向胸前屈肘,手心朝里,准备接握左手之剑,目视剑尖。

2.技术要点

(1)做虚步时,右实左虚要分明,右脚跟不要掀起;

(2)上身要挺胸,塌腰,并略前倾,两肘要平,剑尖略高于左肘。

图 10-1-5

第二节 第一段

第一段包括弓步直刺、回身后劈、弓步平抹、弓步左撩、提膝平斩、回身下刺、挂剑直刺和虚步架剑等。

一、弓步直刺

1. 动作方法(见图 10-2-1)
（1）右手接握左手剑,左手呈剑指；
（2）左脚向前上半步,屈膝呈左弓步,同时上体左转,右手持剑向身前平伸直刺,拇指一侧在上；
（3）左手剑指随之伸向身后平举,拇指一侧在上,目视剑尖。

2. 技术要点
（1）做弓步时,前腿屈膝蹲平,两脚全脚掌着地；
（2）腰要向左拧转,下塌,臀部不要凸起,两肩松沉,右肩前顺,左肩后引,剑尖略高于肩。

图 10-2-1

二、回身后劈

1. 动作方法（见图 10-2-2）

（1）左脚不动，腿部伸直，右脚向前上一步，膝略屈，上体右转；

（2）右手持剑经上向后劈，剑高于肩，拇指一侧在上，力点达于剑身前部；

（3）左手剑指随之由下向前上方弧形绕环，在头部左上方屈肘侧举，拇指一侧在下，目视剑尖。

2. 技术要点

（1）上步、转身、平劈和剑指向上侧举应协调一致；

（2）转身后腰要向右拧转，右脚不要移动。

图 10-2-2

三、弓步平抹

1. 动作方法（见图 10-2-3）

（1）左脚向左前方上一步，屈膝呈左弓步；

（2）右手持剑，手心转向上，随之向前平抹，剑尖略向右斜，与肩同高，力点达于剑身前部；

（3）左手剑指自胸前下降，经左下向上弧形绕环，屈肘侧举于头左上方，拇指一侧在下，目视前方。

2. 技术要点

抹剑时手腕用力应柔和。

图 10-2-3

四、弓步左撩

1. 动作方法（见图 10-2-4）

（1）上体左转，左腿直立支撑身体重心，右腿屈膝提起，脚尖下垂，脚背绷直，同时右手持剑臂外旋，使剑自前向上、向后划弧，至后方时屈肘，使手腕、前臂贴靠腹部，手心朝里，左手剑指随之由头顶上方下落，附于右腕部，手心朝下，目视剑身；

（2）右腿继续向右前方落步,屈膝呈右弓步,同时右手持剑自后向下、向前反手撩起,小指一侧在上,左手剑指随右手运动,仍附于右手腕处,目视剑尖。

2. 技术要点

（1）分解练习步骤为提膝接剑和弓步撩剑;

（2）剑自前向后或自后向前弧形撩起时,应与提膝、向前落步的动作协调一致,形成弓步后上体略前倾,直背,收臀,剑尖略低于剑指。

图 10-2-4

五、提膝平斩

1. 动作方法（见图 10-2-5）

（1）左脚向前上一步,右手持剑,手腕向左上翻转,屈肘,使剑向左平绕至头部前上方,右脚随之由后向身前屈膝提起;

（2）右手继续翻转手腕,使剑向右平绕至右方后,手心朝上,再用力向前平斩,剑尖朝前,力点达于剑身,臂伸直;

（3）左手剑指由下向左、向上弧形绕环,屈肘横举于头左上方,目视前方。

2.技术要点

（1）剑从左向后平绕时，上体应后仰，使剑从脸部上方平绕而过，不可从头顶绕行；

（2）提膝时左腿要伸直、站稳，上体略前倾，挺胸、收腹。

图 10-2-5

六、回身下刺

1.动作方法（见图 10-2-6）

（1）右脚向前落步，脚尖外撇，膝略屈，上体右转；

（2）右手持剑手腕反屈，使剑尖下垂，随之向后下方直刺，力点达于剑尖，剑尖低于膝，拇指一侧在上；

（3）左手剑指先向身前的右手靠拢，然后在刺剑同时，向前上方伸直，拇指一侧在上，目视剑尖。

2.技术要点

（1）右手持剑要先屈肘收于身前，在右脚向前落步和上体右转的同时，使剑用力刺出；

（2）左腿伸直，右腿略屈，腰向右拧转，剑指、两臂与剑身应呈一直线。

图 10-2-6

七、挂剑直刺

1. 动作方法（见图 10-2-7）

（1）左脚向前上一步，右手持剑，右臂内旋，先使拇指一侧朝下呈反手，随之翘腕，摆臂，使剑尖向左、向上抄挂，当剑抄至左肩时，再屈肘，使剑平落于胸前，手心朝里，左手剑指屈肘附于右腕，此时左腿伸直站立，右腿随之在体前屈膝提起，目视剑尖；

（2）接上势，以左脚前脚掌碾地，上身右转，同时右手持剑，使剑向下插，剑尖朝下，左手剑指仍附于右手腕，目视剑尖；

（3）接上势，仍以左脚前脚掌为轴碾地，向后转身180°，右脚向身后跨一大步，屈膝呈右弓步，同时右手持剑向前直刺，力点达于剑尖，剑尖与肩同高，拇指一侧在上，左手剑指随之向后平伸，拇指一侧在上，略高于肩，目视剑尖。

2. 技术要点

（1）分解练习步骤为提膝抄挂剑、转身下插剑和直刺剑；

（2）挂剑、下插和直刺三个分解动作应连贯，与跨步提膝、转身和弓步的动作要协调一致，上体略前倾，挺胸，塌腰。

图 10-2-7

八、虚步架剑

1. 动作方法（见图 10-2-8）

（1）右手持剑，先将剑尖自左向右划一小圈，臂内旋，使持剑手拇指一侧朝下，同时以右脚跟和左脚前脚掌为轴碾地，右脚尖外撇，上体从右向后转，左脚向前收拢半步，两膝均略屈，呈交叉步，转体同时右手持剑，反手向后上方屈肘上架，左手剑指屈肘经肩前附于右腕，目视左前方；

（2）右腿屈膝不动，支撑身体重心，左脚向前一步呈左虚步，在右手持剑略向后引同时，左手剑指向前平伸指出，手心朝下，目视剑指。

2. 技术要点

（1）分解练习步骤为交叉步举剑和虚步上架；

（2）虚步应虚实分明，右肘略屈，使剑身呈立剑架于额前上方，左臂伸直，剑指略高过肩。

图 10-2-8

第三节 第二段

第二段包括虚步平劈、弓步下劈、带剑前点、提膝下截、提膝直刺、回身平崩、歇步下劈和提膝下点等。

一、虚步平劈

1. 动作方法（见图 10-3-1）

（1）左脚跟外展，上体右转，身体重心移于左腿，右脚跟随之离地，呈右虚步；

（2）转身同时，右手持剑向下平劈，拇指一侧在上，力点达于剑身前部，与肩同高；

（3）左手剑指随即向上屈肘，手心向左上方，目视剑尖。

2. 技术要点

虚步时要虚实分明，劈剑时手腕要挺直。

图 10-3-1

二、弓步下劈

1．动作方法（见图 10-3-2）

（1）右脚踏实，身体重心前移，左手剑指伸向右腋下，右手持剑臂内放下，手心朝下；

（2）左脚随即向左前方上步，呈左弓步，左脚上步同时，右手持剑屈腕向左平绕，划一小圈后向前下方劈剑，力点达于剑身前部，剑尖与膝平；

（3）左手剑指随之由右腋下面向左、向上绕环，在头顶上方屈肘侧举，上体略前倾，目视剑尖。

2．技术要点

（1）劈剑时右肩前顺，左肩后引；

（2）剑尖与手、肩呈一直线。

图 10-3-2

三、带剑前点

1. 动作方法(见图 10-3-3)

(1)右脚向左脚靠拢,以前脚掌虚点地面,两腿屈膝略蹲,同时右手持剑向上屈腕,使剑向右耳际带回,肘略屈,左手剑指随之由前下落,附于右腕,目视右前方;

(2)接上势,右脚向右前方跃一步,落地后即屈膝半蹲,全脚着地,左脚随之跟进,呈左丁步,同时右手持剑向前点击,力点达于剑尖,拇指一侧在上,左手剑指随即屈肘向头顶上方侧举,手心朝上,目视剑尖。

2. 技术要点

(1)分解练习步骤为收脚带剑和丁步点剑;

(2)点剑时右臂要前伸,屈腕,手腕略高于肩,剑尖略比手低;

(3)呈丁步后,右大腿尽量蹲平,左脚背绷直,左脚尖在右脚脚弓处,两腿应并拢,上体略前倾,挺胸,直背,塌腰。

图 10-3-3

四、提膝下截

1. 动作方法(见图 10-3-4)

(1)右腿伸直,左腿退步后屈膝,上体后仰,同时右臂外旋,手心朝上,使剑向右、向后上方弧形绕环,左手剑指不动;

(2)接上势,右臂内旋,使手心朝下,继续使剑向左、向前下方划弧下截,力点达于剑身前部,同时上体向前探倾,左腿屈膝提起,目视剑尖。

2. 技术要点

(1)分解练习步骤为退步绕剑和提膝点剑;

(2)剑从右向左的圆形划弧、下截是一个完整动作,应连贯起来做,右臂和剑身呈一条直线,剑身斜平。

图 10-3-4

五、提膝直刺

1. 动作方法（见图10-3-5）

（1）右腿略屈膝，左脚向前落步，脚尖外撇，同时右手持剑，右臂外旋，使手心朝上，并在左脚落步的同时向上屈肘，将剑柄收抱于胸前，手心朝里，剑尖与肩同高，左手剑指随之下落，屈肘按于剑柄上，此时两腿呈交叉步，目视剑尖；

（2）左腿直立，支撑身体重心，右腿向体前屈膝提起，脚尖下垂，同时右手持剑向前平直刺出，力点达于剑尖，拇指一侧在上，左手剑指向平伸指出，手心朝下，目视剑尖。

2. 技术要点

（1）分解练习步骤为交叉步收剑和提膝刺剑；

（2）收剑与落步，直刺与提膝应协调一致。

图10-3-5

六、回身平崩

1. 动作方法（见图10-3-6）

（1）右脚向前落步，脚尖外撇，左脚前脚掌碾地，使脚跟外转，

屈膝略蹲,同时上体向右后转,呈交叉步,右手持剑臂外旋,使手心朝上,屈肘向胸前收回,剑身与右前臂呈水平直线,左手剑指随之直臂上举,经左耳侧屈肘前落,附于右手心上面,目视剑尖;

(2)上体略右转,左腿挺膝伸直,右腿略屈膝,同时右手持剑,使剑前端用力向右平斩,力点达于剑前端,手心仍朝上,左手剑指屈肘,侧举于左额上方,手心朝上,目视剑尖。

2.技术要点

(1)分解练习步骤为交叉步收剑和回身平崩;

(2)收剑和平斩两个动作应连贯起来做,平斩后,上体向右拧转,但左脚不得移动。

图 10-3-6

七、歇步下劈

1.动作方法(见图 10-3-7)

(1)右脚蹬地起跳,左脚向左跃步横跨一步,落地后右腿即向左腿后侧插步,随即两腿屈膝全蹲,呈歇步;

(2)右手持剑向上举起,在形成歇步时向左下劈,拇指一侧在

上,剑尖与踝关节同高,力达剑身;

(3)左手剑指随下劈动作,下按于右腕上面,目视剑身。

2.技术要点

(1)呈歇步时,左大腿盖压在右大腿上面,左脚全脚掌着地;

(2)右脚跟离地,臀部坐在右小腿上;

(3)劈剑时右臂尽量向前下方伸直,剑身与地面平行,劈剑与跃步呈歇步动作,应同时完成。

图 10—3—7

八、提膝下点

1.动作方法(见图10—3—8)

(1)右手持剑,先使手心朝下呈平剑,随后以两脚的前脚掌碾地,上体经右向后转动,两腿边转边站立起来,右手持剑随转体平绕一周,当剑绕至上体右侧时,上体略向左后仰,同时剑身继续向外、向上弧形绕环,剑尖接近右耳侧,此时左手剑指离开右手腕,向上屈肘侧举于头左上方,目视前下方;

(2)接上势,右腿伸直站立,支撑身体重心,左腿屈膝提起,上体向右侧下探俯,同时右手持剑向前下点击,拇指一侧在上,力点

达于剑尖,目视剑尖。

2.技术要点

(1)分解练习步骤为转身绕剑和提膝下点;

(2)仰身外绕剑与提膝下点两个动作应连贯完成;

(3)右腿独立时膝部要挺直,左膝尽量上提,点剑时右手腕要下屈,剑身、右臂、左臂和剑指要在同一个垂直面内。

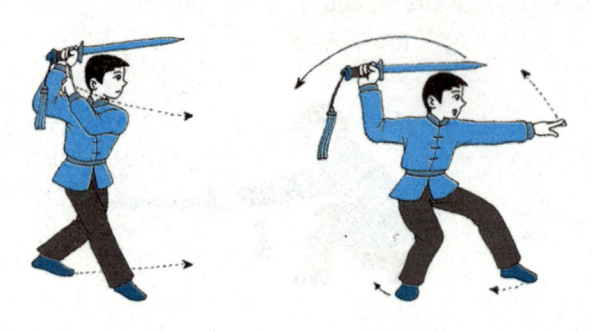

图 10-3-8

第四节 第三段

第三段包括并步直刺、弓步上挑、歇步下劈、右截腕、左截腕、跃步上挑、仆步下压和提膝直刺等。

一、并步直刺

1.动作方法(见图 10-4-1)

(1)以右脚前脚掌为轴碾地,使上体向左后转,同时右臂内旋并向拇指一侧屈腕,使剑尖指向转身后的身前,左手剑指随之由上经右肩前、腹前绕环,向正前方指出,手心朝下,与肩同高,目视剑指;

(2)左脚向前落步,右脚随之跟进并步,两腿均屈膝半蹲,同时右手持剑向前平伸直刺,力点达于剑尖,拇指一侧在上,左手剑指顺势附于右腕处,目视剑尖。

2.技术要点

(1)分解练习步骤为转身甩带剑和并步刺剑;

(2)两腿半蹲时大腿要蹲平,两膝、两脚应紧靠并拢;

(3)上体略前倾,直背,落臀,两臂伸直,剑尖与肩平。

图 10-4-1

二、弓步上挑

1.动作方法(见图 10-4-2)

(1)右脚上步屈膝,呈右弓步;

(2)右手持剑直臂向上挑举,剑尖向上,手心朝左,力点达于剑尖;

（3）左手剑指仍向前平伸指出，手心朝下略高于肩，上体略前倾，目视剑指。

2.技术要点

（1）左臂伸直，左肩前倾，右臂直上举；

（2）剑刃朝前之后，上体挺胸、直背、塌腰。

图10-4-2

三、歇步下劈

1.动作方法（见图10-4-3）

（1）右腿伸直，左脚向前上步，脚尖外撇；

（2）随之两腿交叉屈膝全蹲，呈歇步；

（3）右手持剑向前下劈，拇指一侧在上；

（4）力点达于剑身，剑尖与踝关节同高，左手剑指屈肘附于右腕里侧，上体略前倾，目视剑身。

2.技术要点

（1）呈歇步时左大腿盖压在右大腿上面，左脚全脚掌着地；

（2）右脚跟离地，臀部坐在右小腿上，劈剑时右臂尽量向前下方伸直,剑身与地面平行,劈剑与跃步呈歇步,动作应同时完成。

图 10-4-3

四、右截腕

1. 动作方法(见图 10-4-4)

(1)两脚以前脚掌碾地,两腿略伸直立;

(2)上体右转 90°,呈左虚步;

(3)右手持剑,右臂内旋,使拇指一侧朝下,用剑前端下刃向前上方划弧翻转,随身体起立呈虚步,右手持剑再向右后上方托起,剑尖略高于剑柄;

(4)左手剑指仍附于右腕,两肘均略屈,目视剑身前端。

2. 技术要点

两腿虚实要分明,上体略前倾,剑身平行于右额前上方。

图 10-4-4

五、左截腕

1.动作方法（见图 10-4-5）

（1）左脚向前上半步，以前脚掌碾地，使上身向左后转；

（2）右脚随之向前上一步，前脚掌着地，两腿屈膝呈右虚步；

（3）在右脚进步的同时，右手持剑，臂外旋，使剑身前端向左侧上方划弧翻转，手心朝上，剑身与地面平行，高与肩平；

（4）左手剑指随之离开右腕，屈肘向上侧举于头左上方，目视剑身前端。

2.技术要点

两腿虚实要分明，上体略前倾，剑身平行于右额前上方。

图 10-4-5

六、跃步上挑

1.动作方法（见图 10-4-6）

（1）左脚经身前向前上一步，同时右手持剑，臂外旋，手心朝里，使剑由右向上、向左屈肘划弧，剑至上身左侧时，右手靠近左胯旁，拇指一侧在上并向上屈腕，左手剑指在右手向左下落时附于右腕上，目视剑尖；

（2）左脚蹬地，右脚向右侧跃步，落地后屈膝略蹲，左脚随之离地，从身后伸向右侧方，呈望月平衡，上体向左侧倾俯，同时右手持剑自左胯旁向下、向右划弧，当剑到达右侧方时右臂外旋，并向拇指一侧屈腕，使剑向上挑击，力达剑尖，左手剑指向左上方屈肘横举，拇指一侧在下，目视右侧。

2.技术要点

（1）分解练习步骤为上步划摆剑和跃步上挑；

（2）跃步和上挑动作应协调一致，迅速进行，挑剑时腕部要猛然用力上屈；

（3）形成平衡动作后，上体要右拧转，剑身斜举于右侧上方，持剑手略松，便于手腕上屈。

图 10-4-6

七、仆步下压

1.动作方法（见图 10-4-7）

（1）右手持剑，使剑尖从头上经过，继而向身后、向右弧形平

绕,当剑绕到右侧时,即屈肘将剑柄收抱于胸部前下方,手心朝上,同时右膝伸直站立,支撑身体重心,上体立起,左腿屈膝提于身前,左手剑指仍横举于左额前上方;

(2)接上势,左手剑指经身前下落,按于右腕上,左脚随之向左侧落步,屈膝全蹲,右腿在右侧平铺伸直,脚尖里扣,呈右仆步,同时右手持剑,用剑身平面向下带压,剑尖斜向右上方,上体前探,目视右前方。

2.技术要点

(1)分解练习步骤为提膝收剑和仆步压剑;

(2)做仆步时左腿要全蹲,臀部紧靠脚跟,不要凸起,两脚全脚掌着地,不要拔跟,上体前探时要挺胸,两肘略屈环抱于身前。

图 10-4-7

八、提膝直刺

1.动作方法(见图 10-4-8)

(1)两腿直立站起,左腿屈膝提于身前,右腿直立支撑身体重心;

(2)同时右手持剑向身前平伸直刺,拇指一侧在上,与肩齐平,力点达于剑尖;

（3）左剑指向左上方屈肘,横举于左额前上方,目视剑尖。

2.技术要点

（1）右腿独立,挺膝站稳,左膝尽量上提,脚背绷直,脚尖下垂;

（2）上体略右倾,右肩、右臂和剑身呈一直线,左臂要屈,呈半圆形。

图 10-4-8

第五节　第四段

第四段包括弓步平劈、回身后撩、歇步上崩、弓步斜削、进步左撩、进步右撩、坐盘反撩和转身云剑等。

一、弓步平劈

1.动作方法（见图 10-5-1）

（1）右手持剑,右臂外旋,使剑下刃转翻向上,继而向左转体 90°;

（2）左脚落地屈膝，呈左弓步，左手剑指随持剑臂运行而向右、向下、向左、向上圆形绕环后，仍屈肘上架于头左上方；

（3）右手持剑向身前平劈，拇指一侧在上，臂伸直，剑尖略高于肩，力点达于剑身，目视剑尖。

2．技术要点

劈剑和剑指绕环应协调一致，同时完成，两肩放松。

图 10－5－1

二、回身后撩

1．动作方法（见图 10－5－2）

（1）右脚向前上一步，膝略屈，左脚随之离地，小腿向上弯曲；

（2）上体前俯，腰向右拧转，同时右手持剑随右脚上步，再向后反撩，剑尖斜向后下方，拇指一侧在下，力点达于剑身前部；

（3）左手剑指前伸呈侧上举，拇指一侧在下，手心朝外，目视剑尖。

2．技术要点

右脚站立要稳，左脚背绷直，上体挺胸，两肩放松。

图 10-5-2

三、歇步上崩

1. 动作方法（见图 10-5-3）

（1）右脚蹬地，左脚向前跃步，上体随之右后转，左脚落地，脚尖略外撇，右腿摆向身后，上体转动同时，右手持剑，右臂外旋，使拇指一侧朝上，左手剑指在体后平伸，手心朝下，略高于肩，目视剑尖；

（2）接上势，右脚在身后落步，两腿屈膝全蹲，左大腿盖压在右大腿上，臀部坐在右小腿上，呈歇步，同时右手持剑直臂下压，手腕向拇指一侧上屈，使剑尖上崩，力点达于剑尖，左手剑指随之屈肘，侧举于头左上方，拇指一侧在下，目视剑身。

2. 技术要点

（1）分解练习步骤为跃步转身和歇步崩剑；

（2）跃步、歇步和剑尖上崩三个动作要连贯协调，上崩剑时，腕部要猛然用力上屈，剑尖与眉平，歇步时上体前俯，胸内含。

图 10-5-3

四、弓步斜削

1. 动作方法(见图 10-5-4)

（1）左脚脚尖里扣，上体右转，右脚随之向前上步，屈膝，左腿在身后挺膝伸直，呈右弓步，右手持剑，臂外旋，使手心朝上，转身同时，屈肘向左肋前收回，左手剑指随之从身前下落，按在剑柄上，上体略右前倾，目视前方；

（2）接上势，右手持剑由后向前上方斜面弧形上削，手心斜向上方，手腕略向掌心一侧弯曲，剑尖略高于头，力达剑身，同时左手剑指伸向后方，拇指一侧在上，目视剑尖。

2. 技术要点

（1）分解练习步骤为弓步收剑和弓步斜削；

（2）斜削时右臂略低于肩，剑指尖略高于肩。

图 10-5-4

五、进步左撩

1. 动作方法（见图 10-5-5）

（1）右腿伸直，上身向左转，左腿略屈膝，同时右手持剑，使手心朝里，经面前边转身边向左划弧，剑至体前时左手剑指附于右手腕里侧，目视剑尖；

（2）以右脚为轴碾地，脚尖外撇，上体向右后转，左脚随之向前上步，以前脚掌虚着地面，同时右手持剑反手向下、向前、向上继续划弧撩起，剑至前上方时肘略屈，拇指一侧在下，剑尖与肩同高，左手剑指随右手动作仍附于右手腕上，目视剑尖。

2. 技术要点

（1）分解练习步骤为转身划弧和上步撩剑；

（2）两个剑身划弧动作，应连贯成一个完整的绕环动作；

（3）撩剑后，右腿略屈，左腿伸直，重心落于右腿，剑尖低于剑身。

图 10-5-5

六、进步右撩

1. 动作方法（见图 10-5-6）

（1）右手持剑直臂向上，向右后方划弧，左手剑指随势收于右肩前，手心朝左，目视剑尖；

（2）左脚踏实后以脚跟为轴碾地，脚尖外撇，右脚随之向左脚前上一步，前脚掌虚着地面；

（3）右手持剑由右向下、向前划弧抡臂撩起，剑至前方时肘略屈，手心朝上，剑尖与头平；

（4）左手剑指随之由右肩前向下、向前、向后上方绕环，屈肘侧举于头部左上方，手心朝上，目视剑尖。

2．技术要点

同上势进步左撩，只是动作左右相反。

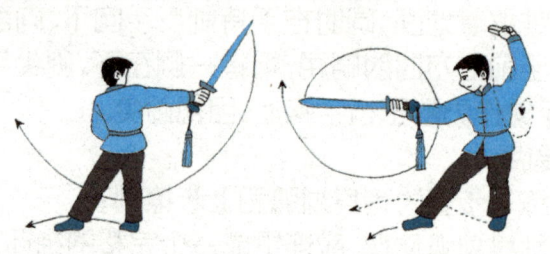

图 10-5-6

七、坐盘反撩

1．动作方法（见图 10-5-7）

（1）右脚踏实后向前上一小步，随即左脚从右腿后向右侧插一步，两腿屈膝下坐，呈坐盘势；

（2）右手持剑向上、向左、向下、再向右上方反手绕环斜上撩，剑尖高过头顶；

（3）左手剑指随之经体前向下、向后上方划弧，屈肘举于左耳侧，拇指一侧在下，上体向左前倾俯，目视剑尖。

2．技术要点

（1）坐盘与反撩动作协调一致，坐盘时左腿盘坐地面，左脚背外侧着地，右腿盘落于左腿上，全脚掌着地，脚尖朝向身前；

（2）上身倾俯时胸内含，剑尖与右臂、左肘、左肩呈一直线。

图 10-5-7

八、转身云剑

1. 动作方法（见图10-5-8）

（1）右脚蹬地，两腿伸直站起，并以两脚前脚掌碾地，上体左后转，随后右腿屈膝略蹲，右脚踏实，左膝略屈，前脚掌虚着地面，身体重心落于右腿，同时右手持剑，随身体转动一周后屈肘，使剑平举，拇指一侧在下，左手剑指附于右腕处，目视剑尖；

（2）接上势，上体略后仰，右手持剑向左、向后、向右、向前圆形云绕一周，剑至体前时右手手心朝上，松把，使剑尖下垂，左手剑指放开，拇指一侧朝上，准备接握右手之剑，此时身体重心前移，左脚踏实，右腿伸直，上体略前倾，目视左手。

2. 技术要点

转身和云剑动作要连贯，云剑要平、要快，腕关节放松，使云剑动作灵活自如。

图 10-5-8

145

第六节 收势

收势同起势，只是动作相反。

1. 动作方法（见图 10－6－1）

（1）右手将剑柄交于左手后即握成剑指，左手接剑后反握住剑柄，向体左侧下垂，随之右脚向右前方上步，脚尖里扣，屈膝略蹲，上体左转；

（2）左脚随之向前移步，前脚掌虚着地面，膝略屈；

（3）上体左转同时，右手剑指随之由体后向上屈肘，侧举于头部右上方，手心朝上，目视左前方；

（4）右腿伸直，右脚向左脚靠拢，并步站立；

（5）同时右手剑指下落于身体右侧，手心朝下，恢复成预备势，目视正前方。

2. 技术要点

（1）身体重心落于右腿，上体略前倾，挺胸，塌腰，两肩松沉，左肘略上提，剑身紧贴前臂后侧，与地面垂直；

（2）要点同预备势。

图 10－6－1

第十一章 剑术比赛规则

　　剑术比赛是普及剑术运动的一种很好的形式,剑术比赛所需要的场地较小,设备要求不高,但是剑术比赛也有其自身的规则和方法。

第一节 程序

剑术比赛特有的精神、劲力、身法和节奏是贯穿在整个套路之中的，这些内容既存在区别，又有内在的联系，所以剑术比赛的评分相对较难，这也是剑术运动具有观赏性的一个体现。

一、参赛办法

剑术比赛就是套路表演，运动员先要进行报名，参加的比赛级别不同，所进行的场数也不相同。报名后要经过资格审查才能有机会参加比赛。

二、比赛方法

（1）记录员根据比赛的顺序，宣布运动员入场，运动员站好后，裁判长点头示意开始，运动员演练，练完后裁判长点头或挥手，运动员方能退场；

（2）在运动员演练时，各裁判员要通过一些简单符号，做必要的记录，主要记下演练中出现的问题，并迅速做出扣分多少的判断，根据赛前制定的评分标准，裁判员应首先确定运动员的得分档次，即优、良或差，然后在该档次中确定分值，准备示分；

（3）如各裁判独立评分，裁判长鸣哨后各裁判同时示分，并要使裁判长首先看到，然后再使运动员和观众看到，与此同时记录员按1、2、3……号裁判员顺序把分数记录在案，去掉最高分和最低

分,其余分数平均,即为运动员的最后得分;

(4)如果是几个裁判员协商评分,就要根据评分的内容,互相比较而定分;

(5)在评分时对任何一个新项目开始的第一名运动员的成绩,示分前裁判长最好召集执行裁判认真研究,统一尺度之后再进行示分,如果在评分过程中,发现裁判员之间评分的差距太大,裁判长也应召集裁判员一起进行协商,注意评分的一致性。

第二节 裁判

虽然剑术比赛对场地和设备的要求不太高,但是对裁判员的要求却很高,因为动作的正确性、完整性和优美性等都是对专业裁判员的一种验证,没有专业的裁判员就不能对一场剑术套路的表演给予正确的评分。这里仅对裁判员做一些详细的介绍。

一、裁判员

(一)裁判人员的组成

(1)总裁判1人,副总裁判1人;

(2)每组设裁判长1人,裁判员7~8人(包括套路检查、记分、计时员);

(3)编排记录长1人,编排记录员2~3人;

(4)检录长1人,检录员1人;

(5)报告员1~2人。

(二)裁判人员的职责

裁判人员在大会领导下要严肃、认真、公正、准确地做好裁判工作,其职责如下:

1. 总裁判

(1)负责比赛事宜,指导各裁判员的工作,保证规则的执行,比赛前,组织裁判人员熟悉规则和裁判方法,检查各项准备工作;

(2)讲解和解决规则中不详尽或无明文规定的问题,但无权修改规则;

(3)裁判员的评分不能取得一致时,可做最后决定;

(4)在比赛过程中,运动员有不正当行为或裁判人员发生严重错误时,可酌情处理;

(5)在竞赛过程中,根据工作需要可调动裁判人员;

(6)审核并宣布大会比赛成绩,搞好裁判总结工作。

2. 副总裁判

协助总裁判搞好工作,在总裁判缺席时,由一名副总裁判代行其职责。

3. 裁判长

(1)组织裁判组的业务学习,落实裁判工作的各项事宜,也可以参加评分;

(2)负责运动员申请重做和掌握套路的时间、组别以及器械不符合规定等方面的扣分,宣布运动员完成套路的最后得分;

(3)评分中有效分之间出现不允许的差数时,可根据规则进行调整;

(4)评分中出现明显不合理现象时,在举出运动员最后得分前,有权公开示分调整;

(5)裁判员发生严重错误时处理。

4.裁判员

(1)认真执行大会的各项决定,参加裁判学习和做好各项准备工作;

(2)认真执行规则,独立进行评分,并做详细记录;

(3)裁判长发出信号后,各裁判员必须同时示分,并且要使裁判长首先看到,然后使运动员和观众看到。

5.编排记录长

(1)负责编排记录处的全部工作,根据大会要求,编排好秩序册;

(2)准备比赛时需要的记录表格计算得分及排列名次。

6.编排记录员

根据编排记录长分配的任务进行工作。

7.记分、计时员

(1)准确地计算运动员完成套路的时间,遇有与规则不符者,应及时报告裁判长;

(2)负责所在裁判组的记分工作,并核算最后得分。

8.套路检查员

负责检查运动员的套路内容,如遇与规则不符者,予以扣分并及时报告裁判长。

9.检录长

负责检录处的全部工作,如有变化应及时与总裁判取得联系。

10.检录员

(1)按照比赛顺序及时召集运动员做好出场准备,委托一名运动员负责带队入场,并向裁判长递交检录表;

(2)检查运动员的器械,如遇与规则不符者,通知其更换,如不更换,报告裁判长。

11.报告员

在比赛过程中,报告比赛成绩,介绍竞赛规程、规则和比赛项

目的特点，以及经大会审查过的有关剑术运动的宣传材料。

二、评分标准

剑术比赛的最高得分一般均为 10 分，评分和扣分标准如下：

(一)动作规格的分值为 6 分

凡手形、步形、手法、步法、身法、腿法、跳跃、平衡和各种器械的方法与规格要求轻微不符者，每出现一次扣 0.1 分；与规格要求显著不符者，每出现一次扣 0.2 分；与规格要求严重不符者，每出现一次扣 0.3 分。一个动作出现多次错误时，最多扣分不得超过 0.3 分。

(二)劲力、协调的分值为 2 分

凡劲力充足，用力顺达，力点准确，手眼身法步协调（器械项目还应身械协调），动作干净利落者，给予满分。凡与要求轻微不符者，扣 0.1～0.5 分；显著不符者，扣 0.6～1 分；严重不符者扣 1.1～2 分。

(三)精神、节奏、风格、内容、结构和布局的分值为 2 分

凡符合精神饱满、节奏分明、风格突出、内容充实、结构合理、变化多样、布局匀称的要求者，给予满分。凡与要求轻微不符者，扣 0.1～0.5 分；显著不符者，扣 0.6～1 分；严重不符者，扣 1.1～2 分。